Dados Internacionais de Catalogação na Publicação (CIP)
(Câmara Brasileira do Livro, SP, Brasil)

Albuquerque, Grazielle
Da lei aos desejos : o agendamento estratégico do STF / Grazielle Albuquerque. -- 1. ed. -- São Paulo : Amanuense, 2023.

Bibliografia.
ISBN 978-65-80788-20-0

1. Brasil - Política e governo 2. Ciência política 3. Comunicação 4. Direito - Miscelânea 5. Governo e imprensa - Brasil - História
I. Título.

23-173954 CDD-320

Índices para catálogo sistemático:

1. Ciência política 320

Aline Graziele Benitez - Bibliotecária - CRB-1/3129

1ª edição, 2023

coordenação Rodrigo Haidar
edição Amanuense Livros em parceria com Calliope Projetos
revisão de texto e diagramação Edson Furmankiewicz
capa e projeto grafico Marina Mota
concepção de infografias Marcos Paulo Drumond e Érica Zoe
reeleboração e execução de infografia Ramon Cavalcante

Da lei aos desejos:

o agendamento estratégico do STF

Grazielle Albuquerque

Para ler ouvindo o jazz de Brubeck

À minha mãe e aos meus amigos.

O tabuleiro de damas não é nem preto com quadrados brancos nem branco com quadrados pretos, ele é de outra cor com quadrados pretos e brancos. Esta outra cor é que simboliza o esforço do escritor em ir buscar uma verdade que se esconde além da realidade.

— Fernando Sabino

Sumário

Agradecimentos

Em seu "Agora, agora e mais agora" Rui Tavares explica como o podcast foi o prospecto dos livros de mesmo nome. Os áudios gravados na quarentena encetaram as letras. Este livro faz o caminho semelhante pela transformação, embora distinto no intuito, visto que encerra um ciclo antes de projetar um novo percurso. Finda um caminho e faz nascer outro.

Aqui, nestes agradecimentos, além da força sempre presente de minha mãe, Socorro Moura, escrevo especialmente para os que estiveram na jornada que transformou a pesquisa em livro. Um caminho que também passou por uma pandemia, por um isolamento, pela estadia em casa, por um processo de cura e pela busca do desejo reelaborado.

No percurso de montar esta brochura, agradeço em especial a Rodrigo Haidar que, sem amarras e com entusiasmo, publicou este livro. A Marina Mota, Maroce, que deu forma e beleza a este projeto com criatividade e arenga preciosas. A Thaís Veras pelo encontro e apoio na pesquisa. Meus sinceros agradecimentos também ao talento de Érica Zoe e Marcos Paulo Drumond, pelo tempo cedido e concepção dos gráficos que foram reelaborados e executados por Ramon Cavalcante no livro.

Na transição da vida, a todos que foram acolhida, força e saúde nos momentos mais frágeis: Ana Cesaltina, Clarissa Tavares, Marina Mota, Mariana Aquino, Rebeca Albuquerque, Laécio Ricardo, Raimundo Júnior, Milena Oliveira, Tanta, Suzana Pamplona Miranda, Carolina Soares, Josué de Assis, Henrique Frota, Bianca Felippsen e Tárik Prata. De forma especialíssima, a Javier Montero, pela visão, profissionalismo e amizade. A Felipe Carvalho, Frederico Moura, Eduardo Cunha e Henrique Figueiredo.

Na essência da pesquisa, imprescindível o agradecimento a Débora Alves Maciel, pela orientação e apoio na estruturação da tese. A Mariana Llanos pela disponibilidade de, literalmente, abrir uma porta à menina insistente que foi ao Giga querendo "contar a história" da mídia e da Justiça. A Raquel Kritsch, pela atenção e incentivo, desde os primeiros anos, ainda recém formada, à conversa em um café em Berlim, quase uma década depois, me ajudando a conceber o projeto inicial do doutorado. A Cláudia Lemos, pela inspiração do olhar primeiro sobre a relação entre Comunicação e Justiça, enquanto objeto de estudo e, sobretudo, pela generosidade e torcida.

No encontro com essas mulheres, destaco também a interlocução constante, leitura dos capítulos e amizade da grande Monalisa Soares, da diva Naiana Rodrigues e da intrépida Carolina Salgado. A Celly Inatomi e Graziela Testa, meu agradecimento pela paciência e ajuda.

Agradeço as ideias, referências de leitura e apoio dos amigos Daniel Sampaio, Fernando Castelo Branco, Ícaro Joathan, Diógenes Lycarião e Márcia Baratto. Destaco ainda a interlocução com Rafael Mafei (que assina o generoso prefácio deste livro), Andrés Del Rio, Marcelo Casseb Continentino, Jeferson Mariano, Mariluce Moura, Heráclito Vieira e Marcelo Semer.

Em campo, pelos contatos, conversas e atenção especial, agradeço ainda a Carolina Brígido, Iuri Dantas, Layrce Lima e Ana Paula Macêdo.

A família que escolhi e que me escolheu, por todo apoio a me impulsionar para os meus sonhos, pela felicidade compartilhada, paciência e amor. Aos Albuquerques (Mônica e Tia Lisieux), aos Tavares que quero tanto bem e que sempre estão a me ofertar casa, acolhida e pés no sofá (Chiquinho e Terezinha), aos Silva Lima e agregados pela arenga e festa (Antônio e Savinho, vocês representam a turma). Em especial, ao Alvinho, pelas aventuras, sorriso e todo o amor. Ana, Claybom e Rebeca, um repeteco do amor nuclear.

Aos amigos do coração: Neves Neto, Meize Lucas, Gabriela Saldanha, Patrícia Ribas, Isabel Andrade, Mônica Lucas, Tati Chaves, André Comaru, Débora de Benedetti, Taís Loureiro, Raquel Chaves e Débora Dias. A Caterina Saboya pelo suporte que impulsionou a partida. A Carmelita e Silvia, pelo apoio nos tempos mais duros.

E em meio a tantos encontros, minha jornada perpassou fronteiras que merecem a citação específica.

Em Hamburgo, que tanto de vida me devolveu, meu agradecimento aos gigantes: Luís Eduardo Garcia, Regina Cazzamatta, Medha, Siri Völker, Pedro Seabra e Aline Chianca. A Victor Ventura, amigo inesperado e afetuoso a mostrar que nossos caminhos têm mesmo arranjos feitos com sorte e leveza.

Agradeço a São Paulo que foi minha cidade-travessia e que me deu o amigo-livreiro que trago na bagagem (Chico de Assis), além da acolhida generosa de Juliana Paz, Paulo Maia Barbosa, Isabelle Moreira Lima, Leila, Zé e Fátima. À cumplicidade de Matheus Pereta. Salve os cafés, o Goethe e as caminhadas do roteiro afetivo.

Em Brasília, agradeço o abrigo de Fuad, Luluca e Gui. Em Fortaleza, ao suporte de Lúcia, Dayane e Loli.

Por fim, agradeço ao professor Francisco Gomes que, aos 13 anos, me mostrou esse negócio legal chamado Ciência Política e a Aracy de Carvalho pela inspiração dos relatos sobre a coragem: "Esse viver ninguém me tira".

Prefácio

Quem faz a imagem de um tribunal?

Rafael Mafei

Advogado e professor de Direito da USP e da ESPM

Juízes, especialmente aqueles com assento em tribunais de cúpula, nos quais as grandes questões de sociedades são debatidas, não são autômatos que aplicam mecanicamente normas pré-existentes aos casos que julgam; tampouco são sacerdotes da lógica que se esmeram para atingir resultados cujo acerto se mede por coesão, coerência e rigor no uso do léxico jurídico. Esse desafio à ideologia de legitimação do Judiciário como poder técnico está posto desde o final do século XIX, e constitui-se no principal cavalo de batalha dos chamados realistas. Por essa lente, decisões judiciais — ou, mais amplamente, todo comportamento de juízes enquanto tais — não são meros exercícios de hermenêutica, mas atos de poder, em que ideologias, preferências e cálculos estratégicos tem algum papel. Ignorar essa realidade implicaria passar ao largo da realidade que de fato está presente nas ações de magistradas e magistrados e, consequentemente, no dia a dia de um tribunal.

Essa intuição foi abraçada por estudiosos que passaram a testar técnicas e métodos que seriam capazes de explicar decisões judiciais por fatores que são, em princípio, estranhos à legitimação da decisão apenas pelo emprego da racionalidade legal formal. Essa empreitada gerou modelos de análise que tentam explicar decisões a partir de ideologia político-partidária, de ideologia política em sentido amplo (progressismo *versus* conservadorismo), do gênero ou da nacionalidade (em cortes internacionais) de quem julga, ou da trajetória de vida e de carreira, entre outras variáveis possíveis. Nenhum campo levou tão longe os desdobramentos daquela intuição seminal quanto a ciência política, justamente a área de doutoramento da autora, Grazielle Albuquerque, com teste que deu origem a este livro.

Se a premissa do comportamento estratégico de magistrados não é novidade em pesquisas acadêmicas, nem no exterior, nem no Brasil, este livro a explora em uma dimensão singular e inovadora: o desenvolvimento da política de comunicação estratégica do Supremo Tribunal Federal. Com efeito, se uma das consequências de se aceitar o pressuposto dos realistas é reconhecer que há critérios de legitimação para a atuação de um tribunal que podem estar em competição com o da interpretação técnica, o desafio passa a ser buscar evidências de que essa legitimação, digamos, alternativa, é algo que se pode de fato identificar, apreender e estudar. Em *Da lei aos desejos*, vemos essa intuição desdobrar-se em uma consistente pesquisa, que atesta a preocupação do tribunal em fazer-se presente no debate público, com o objetivo de ter voz, e quiçá protagonismo, na imagem social que se constrói sobre o tribunal.

Unindo experiências acadêmicas e profissionais que também envolvem o jornalismo, a autora voltou seus olhares para a criação e o desenvolvimento do setor de comunicação do tribunal, desde seus primeiros assessores de imprensa, na década de 1980, até a estruturação de iniciativas mais elaboradas, que objetivam dar o rosto público do tribunal. Com isso, ela mostra que o Supremo fez uma escolha consciente: quis deixar de ser mero objeto do jornalismo, e passar a atuar também para constituir as próprias fontes jornalísticas sobre si. Os mais evidentes exemplos disso são, por óbvio, a TV Justiça e a Rádio Justiça. A despeito dos documentados efeitos não necessariamente positivos que o televisionamento das sessões traz aos julgamentos mais relevantes do tribunal, tais como perda da coesão e ineficácia decisória, o televisionamento das sessões parece ser fenômeno que veio para ficar. Eis o inequívoco atestado de que o Supremo não apenas busca legitimar-se por outros meios que não a técnica de suas decisões, publicadas na árida linguagem do direito, como também que aceita até mesmo sacrificar uma parte dessa técnica em nome de uma política de comunicação social capaz de lhe dar protagonismo naquilo que circula, na esfera pública, sobre o tribunal. Um sacrifício da servidão à *lei* em benefício da satisfação dos *desejos*, enfim. O Supremo não parece ter dúvidas quanto à resposta para a pergunta que dá título a este prefácio: se alguém fará a imagem do tribunal, que seja ele próprio.

A imagem da fuga da lei para os desejos tem ainda outra dimensão possível. Na origem das leis também estão, em última instância, desejos: leis são produtos de escolhas políticas, aprovadas por quem tem força para prosperar nas instâncias formais. Mas a lei, uma vez aprovada, institucionaliza essa vontade em uma fonte formal do direito, que vai ser interpretada por um poder — o Judiciário — repleto de liturgias e parametrizado por uma longa tradição institucional, cujos membros são vinculados a padrões de ética mais severos do que os dos demais poderes quanto à sua imagem e comunicação pública. Interpretação de leis, ademais, é o arroz com feijão de qualquer profissional do direito, uma prática compartilhada entre juristas e que, por isso, permite avaliação sobre o que é próprio, e o que é impróprio.

Quando a contemplação de desejos sobre aspirações sociais de justiça, reais ou imaginadas, torna-se também parâmetro para comportamentos judiciais, nós do direito nos vemos em águas desconhecidas. Não somos munidos com ferramental que nos permite sequer diagnosticar, com segurança, qual é o desejo social sobre certa matéria — que dirá para agir de modo a satisfazê-la. Daí o risco de que divaguemos, facilmente, para o terreno das idiossincrasias e subjetividades do próprio julgador, que imagina atender aos anseios da sociedade quando, na verdade, satisfaz apenas aos seus. De mais a mais, a transição da lei para o desejo pode não ser total e definitiva, transformando-se em recurso, oportunista inclusive, para garantir flexibilidade decisória para si. Como aponta a autora, essa transição nos leva do terreno da institucionalidade para o mundo dos personagens, dos heróis, ou até dos demagogos. Ao contrário do mundo dos tribunais e dos estudos sobre a interpretação da lei, o universo da comunicação política das cortes de justiça nos é inteiramente novo. O Supremo do presente é cobaia desse novo experimento de legitimação jurídica em uma sociedade hiperconectada, marcada pela abundância comunicativa e pela busca permanente de controlar sua própria imagem.

Da lei aos desejos faz também uma interpretação qualitativa do sentido das empreitadas comunicativas do Supremo. Como mostra a autora, a dimensão da política comunicativa do tribunal tem momentos nos quais o objetivo predominante parece ser mais propriamente jornalístico (produção de *releases* e trabalhos de assessoria de imprensa); e outros, mais recentes, nos quais assume retórica de *accountability*, transparência e prestação de contas. Esses últimos embutem justamente pretensões de legitimação, concorrente ou adicional, para os poderes exercidos pelo tribunal. No livro, esse movimento é interpretado tendo como pano de fundo momentos marcantes da história não apenas da Corte, como também da política brasileira. Tudo isso enriquece o quadro de análise sobre como a política de comunicação do STF faz parte de sua estratégia de posicionamento público, em uma quadra histórica em que instituições são permanentemente desafiadas a justificar os grandes poderes que têm.

A agenda de pesquisa sobre a política de comunicação social de instituições judiciárias veio para ficar. A obra de Grazielle Albuquerque estará necessariamente no rol dos trabalhos seminais desse novo campo.

Um problema dos nossos dias[1]

Oito de janeiro de 2023, a síntese do absurdo. Essa poderia ser uma expressão no calendário brasileiro para dar conta do que víamos estarrecidos em um domingo no qual as sedes dos três Poderes da República foram atacadas, vilipendiadas e barbarizadas. A coleção de adjetivos pode não parecer a mais adequada ao início de um texto analítico, mas o que se viu no dia 8 foi algo sem precedentes. Após a invasão do Congresso Nacional e do Palácio do Planalto, avançou-se na área da Esplanada dos Ministérios por volta das 15h e, cerca de 40 minutos depois, uma turba acessou o interior do prédio do Supremo Tribunal Federal (STF). As cenas foram divulgadas pelo próprio Tribunal, no dia 25 de janeiro.

> As imagens internas registram uma tentativa de incêndio dentro do plenário da Corte, onde os ministros realizam as sessões. No edifício-sede do STF, os manifestantes manusearam os hidrantes para atingir as instalações físicas, destruíram obras de arte e quebraram todas as câmeras. No Salão Branco do Supremo, um homem de camiseta azul, bandeira do Brasil e com uma luva branca exibe a réplica da Constituição. Há vídeos dele também subindo na escultura da Justiça em frente ao prédio com a réplica. (...) As gravações registram homens usando togas nos corredores do prédio e, no plenário, onde os ministros realizam as sessões, há uma tentativa de incêndio.[2]

A sensação que se tem é de um videoclipe com cenas que poderiam inaugurar um estilo chamado "surrealismo fantástico", para dar ênfase ao absurdo. Alguma obra que misturasse a estética de David Lynch e Quentin Tarantino. Diante de toda a catarse, impossível não relacionar os acontecimentos brasileiros com o que

1 Este livro é baseado na tese intitulada "Justiça e Política: um estudo sobre a comunicação do STF (1988-2004)", defendida em março de 2019, no Departamento de Ciência Política da Unicamp. Em relação ao trabalho citado, vale tornar público os agradecimentos a Débora Alves Maciel, que na prática orientou a condução da tese, e a Mariana Llanos, que acolheu esta pesquisadora em um período de doutorado sanduíche no German Institute for Global and Area Studies (Giga), em Hamburgo, ambas em muito contribuindo para a realização da pesquisa que agora toma a forma de livro. Agradeço ainda a Cláudia Lemos pelo apoio e indicações no que concerne à comunicação.

2 Ver detalhes em: https://www.poder360.com.br/justica/assista-e-entenda-como-a-policia-deixou-vandalos-entrarem-no-stf-no-8-de-janeiro/

aconteceu no Capitólio[3] norte-americano, após a derrota de Donald Trump. Vale ressaltar que no Brasil tudo ocorreu exatamente uma semana após a posse de Luiz Inácio Lula da Silva, que inaugurou seu terceiro mandato como presidente da República.

Ambos os episódios desafiavam Joe Biden e Lula, se interpunham questionando as eleições e, literalmente, golpeando as instituições. Lá estavam a fantasia, as cores da bandeira, o expurgo... Ainda que falte à Ciência Política esmiuçar a questão, a referência basta ao ponto de análise deste livro que foca na comunicação do STF. Vale lembrar: se nos Estados Unidos o Capitólio foi o único alvo, no Brasil o Judiciário estava na mira tal qual Executivo e Legislativo. Uma intrigante feição em que um Poder sem votos concorre como alvo junto a dois outros que são eletivos.

Aí está a explosão do que este livro analisa na sua gênese: é o percurso "Da lei aos desejos"[4]. Vale ressaltar que quando se fala do agendamento estratégico do Supremo Tribunal Federal, além de um conceito aplicado a um modelo de análise, se faz um convite para que quem nos lê a fazer uma viagem no tempo antes dos holofotes chegarem à Justiça brasileira. A provocação é para acompanhar o trajeto que fez o Judiciário sair da condição de "ilustre desconhecido" para ser um elemento pop da política nacional.

Como o título enceta, este livro traça o percurso em que a institucionalidade vai aos poucos dando espaço à voz das ruas. "O Supremo é o povo", frase que tanto povoou os últimos anos da política brasileira, não surgiu ao acaso. Apesar dos ataques deliberados ao Tribunal, em certa medida, o espaço que o STF passou a ocupar

---

3 Ver detalhes em: https://diplomatique.org.br/a-politica-das-ruas-deve-continuar-a-bater-a-porta-do-judiciario/

4 A primeira vez em que a expressão *desejo* foi usada na ideia trabalhada em arremate neste livro foi no ensaio publicado no Suplemento Pernambuco, intitulado "Imagens de um Judiciário dos desejos", em que os acontecimentos relativos ao *impeachment* de Dilma Rousseff, à Lava Jato e à ascensão da extrema-direita no Brasil foram vistos em um relato pessoal de quem, durante a elaboração da tese que dá ensejo a este livro, pode acompanhar de muito perto a explosão de um sentimento de "justiçamento" das ruas. Ver detalhes em: https://suplementopernambuco.com.br/artigos/2561-imagens-de-um-judici%C3%A1rio-dos-desejos.html.

na agenda pública como um ator político contribuiu para esse processo. Por isso, ir da lei aos desejos é tanto contar uma história como buscar uma explicação para ela. Propor um conceito e um modelo de análise com variáveis que podem ser aplicadas a outros tribunais e cortes. O desafio do caminho do meio entre a Comunicação, o Direito e a Ciência Política.

O Supremo é pop

Para falar da explosão desses desejos, vale fazer um breve "histórico" de slogans sobre o Tribunal. Antes de "O Supremo é o povo", segue um *teaser* das sutilezas de um processo em construção. Neste trajeto pop, cabe perguntar quem não lembra da expressão "*Com o Supremo, com tudo*"? A frase, dita em maio de 2016 pelo então ministro do Planejamento do governo Michel Temer (2016-2018), senador Romero Jucá (PMDB-RR), ao empresário Sérgio Machado (DEM-CE), da Transpetro, tornou-se uma expressão emblemática, um termo representativo da imagem do Supremo Tribunal Federal em meio à crise política brasileira[5]. Em cidades distintas[6], de maneira independente, coletivos de arte urbana e artistas pregaram cartazes com a frase em muros, paradas de ônibus, praças etc. Este talvez seja um dos episódios que melhor ilustre o nível de visibilidade que o Supremo atingiu. Uma espécie de prévia do expurgo, mas que, sem dúvida, não foi a única.

No dia 4 de dezembro do mesmo ano, em uma manifestação[7] na Avenida Paulista em apoio à Lava Jato, era possível ver diver-

5 Mais detalhes em: "O Judiciário na crise política: os 'recados' públicos do Supremo Tribunal Federal" (ALBUQUERQUE, 2018).

6 Em São Paulo, além de cartazes, o coletivo Sampa Fucking City elaborou adesivos e camisetas com a frase. O material percorreu diversas cidades do país em colagens e ações de arte urbana distintas. O trabalho do #filosofiasdogabinete também explorou a frase em lambe-lambes espalhados por São Paulo. Em Fortaleza, alguns artistas e um grupo que se organiza em torno da risografia Riso Tropical também espalharam cartazes pela cidade com a frase.

7 Segundo dados da Polícia Militar em São Paulo, divulgados pela revista Época, o número de manifestantes na Avenida Paulista foi de 15 mil pessoas. No mesmo dia, outras manifestações aconteceram em diversas cidades. Ver link: <http://especiais.g1.globo.com/politica/mapa-manifestacoes-no-brasil/04-12-2016/pro-lava-jato/>. Acesso em: 14 fev. 2019.

sos cartazes com nomes dos ministros do STF. Os cartazes eram acompanhados por críticas, frases em desagravo e imagens que indicavam contrariedade à postura do Tribunal e a alguns de seus membros. Uma cena que, dentre várias outras análises, atesta o nível de exposição do STF — o que seria impensável há alguns anos. O contexto político de agora tem elementos próprios e requer um esforço analítico específico, mas é preciso atentar para o fato de que o movimento de estar na agenda pública é precedido pelo de ocupar a agenda midiática. Nesse sentido, a pesquisa aqui apresentada se volta ao início desse processo, em um recorte que remonta à Constituição Federal de 1988, a criação da assessoria de imprensa do Tribunal e o início da sua cobertura.

O Supremo Tribunal Federal não se tornou um ator com presença destacada no jogo político de forma repentina. Há um trajeto percorrido. Desde a Constituinte, os ministros foram atuantes para conseguir garantir uma ampliação de poderes do Tribunal. Esse movimento teve como resultado uma nova relação com Executivo e Legislativo. Ao longo das décadas de 1990 e de 2000, o aumento do poder político implicou em uma maior visibilidade do Tribunal. Tal movimento, por sua vez, levou o Supremo a investir em comunicação.

Se em 2019 temas como CPI do Judiciário e Reforma do Judiciário voltam à pauta, retornar ao contexto político em que esses temas entraram na agenda midiática e pública nos ajuda a entender não só importantes questões contemporâneas como nos coloca a oportunidade de analisar, por uma perspectiva histórica, quais as oportunidades e constrangimentos estavam presentes na conjuntura pós-Constituição de 1988 e permitiram ao Supremo ir se colocando enquanto parte tão fortemente atuante na política brasileira. Assim, o argumento deste livro sobre a comunicação do STF, entre 1988 e 2004, é: o novo desenho institucional do STF, combinado com mudanças históricas e conjunturais, impulsionou uma política de comunicação da instituição. Apesar do nosso recorte focado nesse período, o argumento se propaga no tempo porque resulta de uma análise histórica. O agendamento estratégico nos ajuda, inclusive, a entender como, em 2022 e 2023, o Supremo Tribunal Federal e o Tribunal Superior Eleitoral utilizaram sua estrutura de comunicação atrelada ao contexto político para defender as instituições e a democracia.

Por isso, mesmo nos concentrando nos dados de 1988 a 2004, encetamos elementos sobre a visibilidade dos anos 2000 e a antessala do julgamento do *Mensalão*. Daí o nome do livro: *da Lei aos Desejos*. O recorte da transição em que a instituição começa a perder espaço para os indivíduos e para uma ideia de Justiça enquanto expressão da vontade. Assim, vendo a montagem das variáveis relativas à dinâmica comunicacional e ao contexto político, nosso intuito é pensar o comportamento de outras cortes e tribunais sob a chave do conceito aqui apresentado: o agendamento estratégico. Mesmo tendo o Supremo como objeto, ao abordar uma transição histórica dos anos 2000, o livro deixa a provocação para uma continuação que compreenderá o período em torno do *Mensalão* e da *Lava Jato*, aprofundando a dimensão pessoal dos ministros e chegando ao movimento das ruas que passou a expor sua opinião sobre a Justiça brasileira. Momentos que acompanhamos de perto e que chamamos de "A Justiça dos Desejos"[8].

---

8 Ver detalhes em: https://suplementopernambuco.com.br/artigos/2561-imagens-de-um-judici%C3%A1rio-dos-desejos.html.

Capítulo 1

Comunicação e justiça: caminhos e possibilidades de uma nova relação

Ao escrever sobre Comunicação e Sistema de Justiça, do ponto de vista da trajetória pessoal — e não apenas em meu percurso como jornalista e pesquisadora —, pude acompanhar de perto muitas das mudanças expressas neste livro. O título "Da lei aos desejos" representa não apenas o olhar sobre o STF, que levou à criação do conceito de agendamento estratégico, mas também um percurso pessoal de quem desde a infância acompanha o movimento de transformações do Judiciário. Da Constituição Federal de 1988, que garantiu uma série de direitos, inclusive os relativos à filiação, ao nome e à cidadania, até as mudanças posteriores com o início da midiatização, as demandas por *accountability*, transparência, acesso etc.

Nesse sentido, é preciso pontuar um caminho duplo: aquele que é particular, de quem vai crescendo e observando com curiosidade o mundo ao redor, e também de quem aprende um ofício, monta uma maneira de organizar o pensamento sobre esse mesmo mundo em transformação. O trajeto pessoal e a pesquisa. Em ambos, cada um à sua maneira, é possível ver como o que é dado, e de certa forma institucionalizado, dá lugar a novas formas de expressão, ao que se coloca pelo desejo.

Neste caso, mostramos a trajetória dessa transformação, inclusive na metodologia. Uma espécie de "lego" particular. A criação de um instrumento de análise para dar conta dessa "especialidade interdisciplinar" (GOMES, 2004) e os diversos caminhos e as possibilidades da relação entre Comunicação e Sistema de Justiça. É esse o desafio apresentado: colocar de pé uma pesquisa com um objeto pouco explorado e que tem muito de trajeto pessoal em sua análise. Uma provocação sobre o tanto de imaginação e rigor que o novo instiga. Nesse capitulo inicial, um convite sobre os meandros da pesquisa. Vamos ao mergulho!

Trajetória, contexto e pesquisa

Na primeira vez em que entrei em um Fórum de Justiça, saindo da infância e entrando na adolescência, em Fortaleza, durante os anos de 1990, o amontoado de papéis pelos corredores e a precária condição de organização do espaço eram uma espécie de demonstrativo empírico de uma discussão presente no fim daquela década: era preciso reformar a Justiça; deveria haver algum tipo de controle. Afinal, a Justiça não deve prestar contas à sociedade?

Havia ainda um temor quase reverencial aos magistrados que eram completamente apartados de uma efetiva fiscalização de seu trabalho. O Poder Judiciário tinha uma aura de "ilustre desconhecido", mas se confrontava com uma realidade que lhe exigia tanto alargar seu alcance como também lidar com práticas que beiravam o costume doméstico, em que as relações pessoais e a falta de procedimentos transparentes eram evidentes a quem procurasse fóruns e tribunais — pude ir a alguns desde os 12 ou 13 anos — sempre com uma estátua da imponente senhora de olhos vendados, a "Justiça", a decorar o ambiente. Curiosamente, eu era testemunha dos estragos feitos por uma Justiça pouco vista e cobrada, uma irônica oposição à representação grega.

O caso em particular preconizava um debate presente do final da década de 1990 sobre a necessidade não apenas de transparência do Poder Judiciário, mas de eficiência e controle — sobretudo como forma de verificar a atuação dos juízes, as práticas não oficiais estabelecidas na rotina de secretarias e varas e os desvios do Judiciário.

Esse "sentimento" estava calcado no cotidiano de quem frequentava as unidades do Poder Judiciário pelo país, em uma ampliação da prestação jurisdicional dada pelos novos direitos e garantias presentes na Constituição Federal de 1988. Mas, tampouco, ele era particular ou estava isolado de um cenário mais amplo. As questões relativas à morosidade, ineficiência, transparência e controle tinham componentes políticos e ganharam corpo no fim da década de 1990.

Em 1999, foi instaurada a Comissão Parlamentar de Inquérito (CPI) do Judiciário. Criada por requerimento do então senador Antônio Carlos Magalhães (PFL-BA), a CPI investigava o desvio de recursos nas obras do Tribunal Regional do Trabalho (TRT) de São Paulo. No caso estava envolvido o então desembargador Nicolau dos Santos Neto, o "Lalau", ex-presidente do Tribunal. À época, a repercussão da CPI colocou o Judiciário em pauta. Foi o primeiro caso emblemático, de cunho nacional, a colocar a Justiça não apenas sob holofotes, mas também na condição de Poder a ser investigado. Se antes o caso Collor tinha levado ao primeiro pico de cobertura do STF, com a CPI, a Justiça não era a instituição a dar o veredicto — aparecia nos jornais como aquela que precisava esclarecer sua conduta.

A necessidade de reformular a estrutura da Justiça e as atribuições do STF passaram a constar em matérias que repercutiam a CPI[1]. Essa discussão que aparecia na mídia — embora embalada por todo o jogo político e pelas expectativas da economia liberal, frente a um Judiciário que carecia de decisões, estabilidade e previsibilidade — tinha aderência popular[2]. Três anos depois, como resultado da operação Anaconda, foi preso o juiz federal paulista João Carlos da Rocha Matos e foram denunciados os juízes Casem Mazloum, Ali Mazloum e Adriana Pileggi de Soveral. Os dois episó-

---

1 Quando a CPI do Judiciário já estava em funcionamento, o STF proibiu a CPI dos Bancos de quebrar os sigilos bancário, telefônico e fiscal do ex-presidente do Banco Central, Francisco Lopes. A proibição acarretou forte reação do Legislativo. Na época, o senador Antônio Carlos Magalhães chegou a afirmar: "O Supremo é o guardião da corrupção". Disponível em: <https://istoe.com.br/32201_ACM+POE+TUDO+DE+CABECA+PRA+BAIXO/>. Acesso em: 14 fev. 2019. A fala de ACM foi retrucada pelo então ministro do Supremo, Carlos Velloso, que abordou o conflito em questão em sua entrevista para o projeto História Oral do Supremo, da Fundação Getúlio Vargas (FGV). (Ver *link*: <https://bibliotecadigital.fgv.br/dspace/bitstream/handle/10438/14120/Hist%c3%b3ria%20Oral%20do%20Supremo%20-%20Volume%2007%20-%20Carlos%20Velloso.pdf?sequence=1&isAllowed=y>). Acesso em: 14 fev. 2019.

2 Ver detalhes sobre as pautas em torno da Reforma do Judiciário: "Esta agenda de Reformas, da qual o Sistema de Justiça faz parte, não se deu descolada de problemas reais, cuja extensão ia além da questão econômica. As demandas do mercado por celeridade e segurança jurídica não criaram artificialmente um problema que não existisse ou fosse alheio à população de uma maneira geral" (PAIVA, 2012, p. 92).

dios puseram em discussão questões relativas ao controle da magistratura e à influência política nos tribunais[3].

Em um livro-reportagem resultado da cobertura do jornal *Folha de S. Paulo* sobre esses episódios, o jornalista Frederico Vasconcelos (2005, p. 9) apontou: "Num país em que é raro magistrados se sentarem no banco dos réus, esses episódios mereceram ampla cobertura da imprensa. Mas os fatos foram tratados como capítulos isolados". A correlação da CPI com a operação Anaconda foi exatamente o mote da investigação publicada por Vasconcelos, que, em consequência, demonstrou como, na virada dos anos de 1990 para a década seguinte, foi dada maior atenção na cobertura da imprensa para o Judiciário.

Já nos anos 2000, no início da minha carreira profissional, ao estagiar no Ministério Público, era possível perceber, de forma mais palpável, como o discurso corporativo sobre o que à época se chamava de controle externo do Judiciário e do Ministério Público destoava do que estava presente no que poderíamos chamar de "experiência empírica das ruas". Do ponto de vista técnico, a discussão estava pautada.

Nos anos 2000, estiveram presentes no processo político-legislativo a Reforma do Judiciário e a criação do Conselho Nacional de Justiça (CNJ), questões institucionais que ganharam debate público. Em 2003 e 2004, pontos como súmula vinculante, súmula impeditiva de recursos, entre outras propostas da reforma, tiveram cobertura na imprensa nacional, que pautou, com ênfase, a criação do então chamado controle externo do Judiciário[4].

---

3 Ver *links*: <http://www1.folha.uol.com.br/fsp/brasil/fc16049919.htm>. Acesso em: 3 mar. 2017; <http://www.conjur.com.br/1999-mar-25/acm_discursa_defendendo_investigacao_reforma>. Acesso em: 3 maio 2017; e <https://istoe.com.br/32201_ACM+POE+TUDO+DE+CABECA+PRA+BAIXO/>. Acesso em: 3 maio 2017.

4 As matérias publicadas pelo jornal *Folha de S. Paulo* entre junho e dezembro de 2004 mostram como os pontos relativos ao controle da magistratura e do Ministério Público (MP) foram os mais numerosos em comparação com os outros pontos da reforma. "Ainda que dispersos em termos diferentes (ex.: Conselho da Magistratura, Controle Externo etc.) ao serem agrupados eles totalizam pontos presentes em 51 matérias, sobrepondo-se à sumula vinculante que aparece em segundo lugar, num total de 45 matérias. Questões como a quarentena dos ministros do Supremo Tribunal Federal (STF)

Anos mais tarde, exatamente na década de 2010, durante minha pesquisa de mestrado, pude entrevistar jornalistas, juízes, defensores e atores sociais diversos que acompanharam a tramitação da Reforma do Judiciário, e a conclusão foi que a maioria convergia no sentido de colocar o CNJ e a ideia de controle externo como ponto de defesa da maior parte dos veículos. A imprensa havia comprado a pauta, para usar um jargão jornalístico. Os depoimentos colhidos durante a pesquisa de mestrado deixaram claro que a imprensa não só pautou um tema como construiu um discurso sobre ele, apoiando a criação do "controle externo". É claro, era necessário matizar as diferentes linhas editoriais em uma análise mais detalhada do assunto. Mas, é fato, a agenda midiática tinha um tema em suas páginas. Um tema, diga-se, com muita resistência por parte daqueles que ficariam sob égide do tal conselho.

De diversas formas, minha trajetória pessoal e meu percurso como cidadã, jornalista e pesquisadora se entrelaçaram ao objeto de estudo "Justiça". É curioso que mesmo agora a pesquisa presente neste livro remonte a episódios como o caso Collor, o primeiro pico de cobertura do STF que é mapeado e que foi o tema com o qual iniciei meus passos na investigação mais aprofundada de um objeto, ainda durante o projeto de iniciação científica[5], na graduação, quando tentava unir esses estudos em Comunicação Social e Direito.

Na época, este era um desafio imenso porque era difícil perceber as possibilidades de junção dos dois campos. Os próprios estudos brasileiros sobre o Sistema de Justiça, sob a ótica da Ciência Política, datam da década de 1990. Contudo, ao longo do meu

---

e autonomia da Defensoria Pública, elencadas na Reforma, sequer aparecem na amostragem" (ALBUQUERQUE, 2016, p. 10). Os dados em questão ratificam as conclusões apontadas no artigo (ALBUQUERQUE, 2015b) que aborda como a cobertura jornalística da reforma influenciou a tramitação e a aprovação da Emenda Constitucional n.º 45.

5 Entre 2000 e 2002, participei do projeto "Teorias da Comunicação, um Campo Várias Visões" junto ao Conselho Nacional de Desenvolvimento Científico e Tecnológico (CNPq), como bolsista de iniciação científica voltada aos estudos sobre agendamento, *framing* e espiral do silêncio, analisando a campanha das eleições presidenciais de 1989 e o primeiro governo eleito de forma direta.

trajeto havia uma sensação de que muito pode ser visto e mesmo pensado porque, de certa maneira, eu "estava lá". Mesmo de forma infanto-juvenil, fui uma observadora privilegiada de um processo histórico no qual o Judiciário se construía como ator político, e talvez eu própria fosse me construindo como sujeito que indaga e imagina, moldando o meu olhar de pesquisadora.

O Brasil dos anos 1990 e 2000 mudava, tentava solidificar sua democracia fazendo uma aposta no Sistema de Justiça, em um Estado Democrático de Direito para se contrapor ao autoritarismo. Mas, de todos os questionamentos possíveis a essa ferramenta de transformação, destaca-se um: como seria possível a uma Justiça que não passou por um processo de democratização interna cumprir essa missão? Essa talvez seja uma reflexão para o momento de agora, à luz da expressão "Com o Supremo, com tudo" ou mesmo de "O Supremo é o povo". Democracia, representatividade, relação com a opinião pública... Tudo em um amalgama que chega aos anos 2020 com uma exposição sem igual.

À pesquisa resta olhar o início de processo, com o desequilíbrio nas relações entre Judiciário, Executivo e Legislativo e as mudanças políticas em relação às quais o Judiciário, em especial o Supremo Tribunal Federal, atuou com ênfase para garantir mais poder. Essas mudanças aumentaram sua visibilidade e a necessidade de responder às demandas provenientes de uma maior exposição.

O ponto central da argumentação é: a política atual não mais acontece nos salões, à vista de poucos; ela passou a ocupar a mídia. Em uma sociedade em que as relações são mediadas, é preciso ter a *expertise* necessária para ocupar a agenda midiática. Como uma instituição política, o Supremo Tribunal Federal precisou profissionalizar sua comunicação. Uma comunicação de caráter político, em que a estratégia deve responder a um tempo. Um desafio do campo da experiência, do trabalho de campo, mas também de uma análise orientada pelo diálogo das teorias da Comunicação e da Ciência Política.

Delimitação: pergunta, objeto e argumento

Após a Constituição Federal de 1988, o Poder Judiciário começou a ser demandado pelas mudanças oriundas do novo ordenamento jurídico, da ampliação da gama de direitos etc. Em especial, o STF foi agente de uma série de mudanças presentes na nova Carta constitucional, através da atuação dos seus ministros na Constituinte, e com isso também se tornou um Tribunal com poderes ampliados junto à nascente redemocratização brasileira. Esse processo tem como marco histórico a Constituição Federal de 1988, mas segue adiante com análises contemporâneas a falar de uma "supremocracia"[6]. Esse é um caminho onde o Supremo tem um efetivo poder político, em especial ao pensarmos na relação de interferência do Judiciário no Executivo e no Legislativo. Distante que ficou dos holofotes durante a transição democrática, período no qual a cobertura midiática recaiu sobre os poderes eletivos, nos anos de 1990, o Judiciário começou a ser visto. Dito de outra forma, passou a ocupar a agenda midiática e, consequentemente, a agenda pública. Diante dessa nova configuração, perguntamo-nos: como o Judiciário, especificamente o STF, se relaciona com a mídia?

Para responder a essa pergunta, mostramos como o Supremo Tribunal Federal vai se tornando uma instituição relevante no processo político brasileiro. Como dois lados de uma mesma problemática, falamos sobre como a agenda midiática é o espaço por excelência da política e, em outro turno, como o STF, sendo uma instituição de poder político crescente, passa a ocupar essa agenda com a *expertise* adequada. Essas duas questões, uma ligada à comunicação e a outra à política, servem de base à nossa pesquisa, cujo

---

6 "O Supremo, que a partir de 1988, já havia passado a acumular as funções de tribunal constitucional, órgão de cúpula do Poder Judiciário e foro especializado, no contexto de uma Constituição normativamente ambiciosa, teve o seu papel político ainda mais reforçado pelas emendas de nº 3/93 e nº 45/05, bem como pelas leis nº 9.868/99 e nº 9.882/99, tornando-se uma instituição singular em termos comparativos, seja com sua própria história, seja com a história de cortes existentes em outras democracias, mesmo as mais proeminentes. Supremocracia é como denomino, de maneira certamente impressionista, esta singularidade do arranjo institucional brasileiro. Supremocracia tem aqui um duplo sentido" (VIEIRA, 2008, p. 444).

argumento central é: *o novo desenho institucional do STF, combinado com mudanças históricas e conjunturais (ou mudanças no processo político), impulsionou uma política de comunicação da instituição.*

É com base nesse argumento que demonstramos dois pontos:

1. Como a política de comunicação do Supremo Tribunal Federal estabelece uma relação com a cobertura do Tribunal, criando uma dinâmica comunicacional;
2. Como o contexto político oferece oportunidades e constrangimentos a essa dinâmica comunicacional.

A análise desses argumentos se dá tendo como recorte temporal o período de 1988 a 2004, balizas cronológicas entre a primeira Constituição Federal do recente período democrático e a Reforma do Judiciário. Período que antecede o primeiro ponto da grande "mudança de ato" com a opinião pública, o *Mensalão*.

No livro, abordamos justamente os acontecimentos que se irradiam na transição de uma mudança mais calcada na institucionalidade para o que depois vem se pautar no desejo, nos personagens, nos heróis. Desenhamos aqui um trajeto. Nosso objeto, como explicitado no próprio argumento, é o Supremo Tribunal Federal. Ainda sobre o argumento, é importante esclarecer os seguintes conceitos: a dinâmica comunicacional é relativa à ligação entre a comunicação do Supremo Tribunal Federal e a cobertura do STF. Isso porque as práticas da assessoria atingem tanto os veículos com jornalistas setoristas (fixos e volantes) quanto outros veículos que fazem sua cobertura à distância, e até mesmo o público em geral, sobretudo a partir da criação da mídia das fontes (TV Justiça, Rádio Justiça, por exemplo). Essa é uma dinâmica própria de influências mútuas.

A política de comunicação é aqui entendida dentro do conceito expresso por Bueno (2009), que entende política de comunicação em um sentido amplo, que prescinde de um documento ou formalização. Para ele, é no conjunto sistematizado de princípios, valores, posturas, estratégias e diretrizes que a política de comunicação ganha forma, com o objetivo de orientar o relacionamento de uma organização/instituição ou empresa com os seus públicos de interesse ou estratégicos.

Comunicação e política: justificativa

Fazer um esforço para sair de uma perspectiva insulada e pensar a comunicação do Supremo Tribunal Federal como parte de um processo mais amplo, político, em que o Tribunal se coloca como instituição que precisa desenvolver uma *expertise* para se colocar na agenda midiática e pública, era uma demanda que, por si, nos demandava pensar não apenas a assessoria, mas também sua relação com a cobertura — dinâmica essa que, por sua vez, está atrelada ao contexto político. São influências simultâneas a serem mapeadas.

O desafio deste desenho implicava em uma revisão de literatura que nos indicasse um caminho. Do levantamento feito, há dois trabalhos concernentes à Justiça que não apenas olhavam para a assessoria: o de Russi (2010) e o de Peters (2014). O primeiro, que versa especificamente sobre o Supremo Tribunal Federal, traz uma análise importante sobre a relação entre assessoria e cobertura, sobretudo no que se refere ao *newsmaking*. Como a assessoria influencia o trabalho da cobertura é o recorte sobre o qual a autora desenvolve sua pesquisa. Contudo, ainda que aborde a cobertura, o

Figura 1 — Influências simultâneas

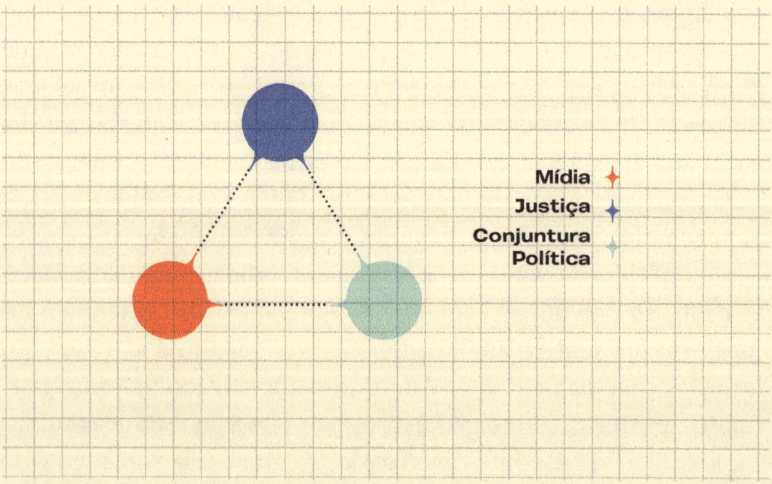

Fonte: Elaboração própria da pesquisa.

trabalho não observa aspectos políticos. Peters (2011), por seu turno, conta a história de como se montou o *Public Information Office* (PIO) da Suprema Corte norte-americana; mesmo não teorizando sobre a política, enceta sua presença ao fazer relações entre a primeira experiência de relacionamento da Suprema Corte com a imprensa, nos anos de 1930, e o *New Deal*. Relação semelhante é feita nos anos de 1970, quando se cria oficialmente o PIO e os Estados Unidos estão tomados pelas transformações do movimento do *Civil Rights*. Nesse caso, apresenta-se uma ligação entre a contagem de uma estrutura burocrática interna voltada à comunicação e sua relação com a cobertura e com a política. Contudo, em relação aos fatos elencados não se desenvolve uma interpretação analítica. Mas, não à toa, Peters (2014, p. 1005) encerra seu artigo com a frase "Esta área está preparada para mais pesquisas".[7]

Diante desse quadro, as escolhas teóricas que fizemos tentaram unir algo concernente à comunicação; no caso, a hipótese do *agenda-setting research* e algo relativo aos estudos do Judiciário sob uma perspectiva política; o behaviorismo judicial, em especial, a abordagem estratégica. Achamos por bem apresentar essas duas balizas interpretativas para, então, expor as questões metodológicas que, ao longo do trabalho, confrontaram-se com um desafio duplo: pensar na construção de um desenho de pesquisa que abarcasse a dinâmica comunicacional entre assessoria e cobertura e sua relação com o contexto político; e ver-se diante de objeto de pesquisa pouco mapeado, inclusive no tocante à coleta de dados primários.

Ou seja, era preciso olhar para como o Supremo montou sua comunicação, como esse eixo interno se relaciona com o externo — o da cobertura — e como o contexto político oferece oportunidades e constrangimentos a essa dinâmica comunicacional. Deve-se lembrar que o recorte temporal é de 1988 a 2004, em um hiato que vai do ano da promulgação da Constituição Federal de 1988 ao ano da Reforma do Judiciário. Ocorre que, antes de "olhar" ou

7 *"This area is ripe for more research".*

mesmo "analisar", era preciso "conhecer". Quando nos referimos ao desafio de um objeto de pesquisa pouco mapeado, estamos falando, precisamente, sobre a ausência de informações primordiais relativas ao objeto. Vale ressaltar a extensão do período de tempo estimulado na pesquisa, 16 anos, e o fato de que ela se encerra em uma época analógica, em relação à qual o trabalho de campo é essencialmente baseado em arquivos documentais e fontes orais. Dessa forma, estamos falando de uma pesquisa exploratória e analítica, de cunho qualitativo. Vale ir além: uma pesquisa que cria um conceito de agendamento estratégico e que o aplica em um modelo de análise com variáveis específicas como a dinâmica comunicacional e o contexto político.

Essa conformação nos afastou de uma ideia central destinada a um teste de hipótese. Ratificando, era preciso, antes, explorar um campo, descrevê-lo. Disto deriva a natureza da pesquisa aqui exposta no livro, que está ancorada no argumento central já expresso e aqui reiterado: o novo desenho institucional do STF, combinado com mudanças históricas e conjunturais, impulsionou uma política de comunicação da instituição.

Nosso argumento é descritivo de um processo, tanto que o que apontamos na pesquisa são mudanças históricas e conjunturais analisadas qualitativamente.

> Um argumento descritivo descreve algum aspecto do mundo. Ao fazê-lo, visa responder a perguntas como: quando, quem, por que, de que maneira, etc., sobre um fenômeno ou um conjunto de fenômenos. Argumentos descritivos são sobre o que é ou foi. Por exemplo: 'Ao longo dos últimos dois séculos, houve três grandes ondas de democratização'. (GERRING, 2012, p. 722).[8]

Em muitos trabalhos, a Ciência Política aponta relações causais mais estabelecidas, manuseando variáveis na análise de seus objetos. Nesse sentido, mais uma vez é importante pontuar a na-

8 *"A descriptive argument describes some aspect of the world. In doing so, it aims to answer what questions (e.g., when, whom, out of what, in what manner) about a phenomenon or a set of phenomena. Descriptive arguments are about what is/was. For example: 'Over the course of the past two centuries there have been three major waves of democratization'".*

tureza da pesquisa aqui desenvolvida, cuja demanda que prioritariamente se apresentou foi a da prospecção e organização de informações não disponíveis como base da análise. Os próprios dados numéricos levantados foram frutos do cruzamento de diversas informações de fontes orais e documentais.

Assim, os números apresentados indicam tendências e variações do processo de mudança estudado. As explicações e interpretações dessas mudanças são parte da análise, tendo o papel de indicar possibilidades, e não de validar questões fechadas de forma rígida. Se por um lado tal desenho implica em limitações, por outro, uma análise exploratória e analítica multidimensional traz oportunidades interessantes, em especial quando se combinam as necessidades oriundas da própria empiria e dos "dilemas" teóricos.

Se já falamos das possibilidades de caminhos teóricos e metodológicos dos estudos que trabalhem com o *agenda-setting research* pela via da representação (matérias em jornais, revistas etc.), também nos cabe lembrar que os estudos do behaviorismo judicial, seja no modelo atitudinal[9] ou estratégico, debruçam-se sobre uma imbricada e volu-

---

9 No caso do modelo atitudinal destaca-se, por exemplo, o *scalogram analysis* como uma das técnicas metodológicas mais centrais para o modelo. *Judicial Decision-Making*, de Glendon Schubert, publicado em 1963, é considerado um marco de afirmação do modelo atitudinal. Parte desse processo de afirmação do modelo se dá pelas possibilidades analíticas advindas do farto material quantitativo que ele se utiliza. "*In Quantitative Analysis, Schubert applied game theory, bloc analysis and scalogram analysis to the study of Supreme Court decision making. I will turn to game theory later. But between bloc analysis and scalogram analysis, Schubert concluded that 'scalogram analysis... offers a much more efficient and less cumbersome method for the analysis of attitudes toward ´issues´ than does bloc analysis'* (1959, 166). *And so concluded most other judicial scholars, with the important exception of Sprague* (1968). *This, I focus on scalogram analysis. Scalogram analysis, also called cumulative scaling or Guttman scaling, derived from early psychological research on measuring attitudes* (Stouffer et al. 1950)" (SEGAL, 2003, p. 80-81). ("Na Análise Quantitativa, Schubert aplicou a teoria dos jogos, a análise de blocos e a análise de escalograma ao estudo da tomada de decisões na Suprema Corte. Eu me voltarei para a teoria dos jogos mais tarde. Entre análise de bloco e análise de escalograma, Schubert concluiu que a análise de escalograma oferece um método muito mais essencial e menos complicado para a análise de atitudes em relação a "assuntos" do que a análise de bloco (1959, 166). E assim concluiu a maioria dos outros estudiosos da justiça, com a importante exceção de Sprague (1968). Por isso me concentro na análise de escalograma. Análise de escalograma, também chamada de escala cumulativa ou escala de Guttman, é derivada de antigas pesquisas psicológicas sobre a medição de atitudes").

mosa tabulação de votos e decisões judiciais como fonte primária de seu trabalho. Seria também para nós impossível usar essa referência de forma direta, visto que não estudamos decisões judiciais.

A teoria estratégica, apresentada neste capítulo, coloca-se como uma perspectiva de aproximação com a Ciência Política, sendo necessário, portanto, migrar da análise das escolhas presentes nos votos para as escolhas advindas da comunicação. É uma inspiração, um esforço para a compreensão não restrita à comunicação de um processo político. Essa questão nos leva a outra: não há volume de dados numéricos e objetivos que nos permita tabular padrões e variações. Era preciso, antes, fazer um trabalho exploratório. Como já dito, os números levantados pela pesquisa durante a análise indicam tendências e variações de um processo de mudança, e não respostas rígidas a questões fechadas.

Assim, retornamos a Gerring (2012), que, em um artigo no qual se debruça sobre trabalhos descritivos, usa como exemplo um estudo sobre o capital social nos Estados Unidos, que declinou precipitadamente desde as décadas de 1930 e 1940. Na explicação de tal estudo, ele enceta o nosso ponto central: "Argumentos descritivos sobre componentes multidimensionais de um fenômeno, ou as propriedades de várias unidades, são associativos" (GERRING, 2012, p. 726).[10] No trabalho, ele aponta como os cientistas políticos, frequentemente, estão preocupados com as redes entre as elites políticas e econômicas, mas aponta uma ressalva, destacando a importância da descrição que vem antes do nexo causal. "Cada um desses argumentos associativos têm implicações causais, para ter certeza. No entanto, os padrões descritivos são importantes, por si mesmos" (GERRING, 2012, p. 726).[11] Dessa forma, destacamos aqui a importância de trabalhos exploratórios que trabalhem não com hipóteses, mas com argumentos descritivos de um processo.

---

10 *"Descriptive arguments about multidimensional components of a phenomenon, or the properties of various units, are associational".*

11 *"Each of these associational arguments has causal implications, to be sure. However, the descriptive patterns are important, in and of themselves".*

Diante desse quadro, a pesquisa e o conceito apresentados neste livro vestiram-se da natureza primeira do seu desafio: explorar o diálogo entre três áreas, a Comunicação, o Direito e a Ciência Política, e mapear um campo. Um mapeamento entendido no sentido mais empírico do termo; o de garimpar informações e construir uma organização dos dados que permitisse, então, uma análise interpretativa. O trabalho de Russi (2010) indicava caminhos, ao apontar alguns nomes de assessores e jornalistas, mas não havia uma cronologia precisa e nem informações substanciais nas quais se ancorar. Apenas o trabalho de campo permitiria coletar dados, "contar a história" do desenvolvimento da comunicação do Supremo, fazer um caminho semelhante em busca de como se montou a cobertura do Tribunal, na forma dos jornalistas setoristas, e entender a dinâmica entre ambos os eixos.

Desenho de pesquisa

Em relação a esse desenho de pesquisa, como a análise em questão é exploratória e analítica, voltando-se a um processo político de longo prazo, de 1988 a 2004, foi preciso escolher um caminho que nos proporcionasse uma visão panorâmica sobre os dois eixos: o interno, relativo ao desenvolvimento de comunicação do STF, e um externo, relativo à cobertura dos veículos com jornalistas setoristas que cobrem o STF — ambos combinados com as mudanças na conjuntura política.

A Assessoria de Imprensa age como ponte entre os jornalistas e os ministros, sobretudo no aspecto institucional, embora ressalte-se que esse contato também ocorre de forma direta. Contudo, nosso foco aqui é a relação entre a assessoria e os jornalistas setoristas e como, ao longo das décadas de 1990 e 2000, o STF desenvolveu uma comunicação institucional, com práticas e rotinas que profissionalizaram a assessoria.

A exploração do campo foi responsável pelo contato inicial, coleta de dados e mapeamento prévio de base à análise e à interpretação que dá sentido ao quadro montado.

Figura 2 — Relação mediada
Comunicação do STF e jornalistas setoristas

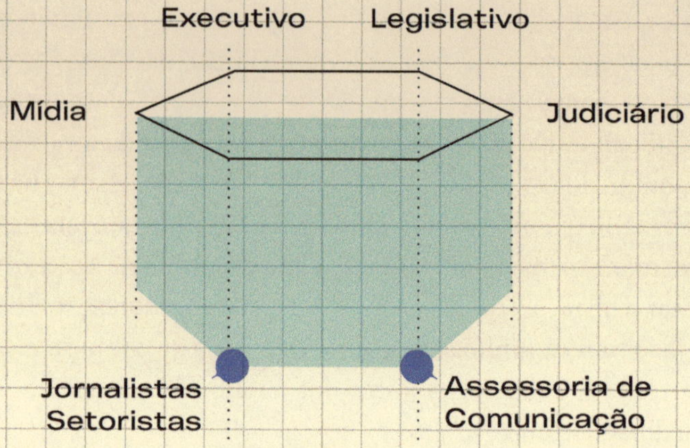

Fonte: Elaboração própria da pesquisa.

Figura 3 — Relação entre Assessoria, ministros e jornalistas

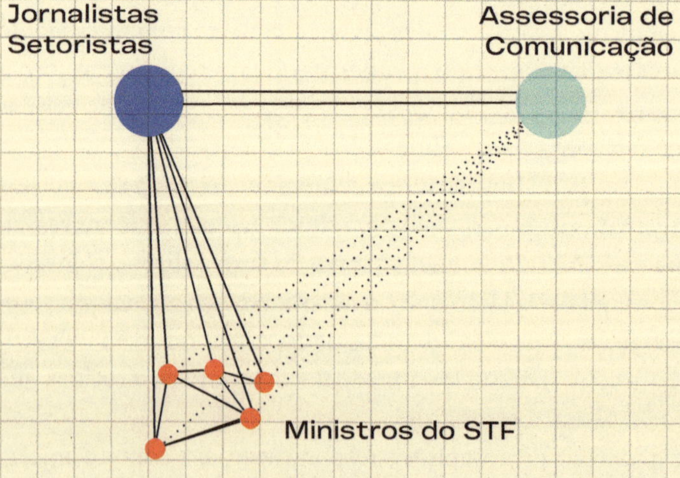

Fonte: Elaboração própria da pesquisa.

Dados comunicação STF e cobertura STF (informações relativas à cobertura)

- Quantos veículos com jornalistas setoristas cobrem o Supremo?
- Quais veículos com jornalistas setoristas cobrem o Supremo?
- Que mídia ocupam (impresso, on-line, TV etc.)?
- Qual o crescimento da presença de veículos com jornalistas setoristas na cobertura do Supremo no recorte temporal da pesquisa, de 1988 a 2004?
- Como se comportou esse quantitativo?

Dados comunicação STF e cobertura STF (informações relativas à comunicação do STF)

- Há quantos profissionais atuando na comunicação do STF?
- Como foi sendo montada a comunicação do STF (assessoria, secretaria, coordenadorias por áreas de atuação)?
- Que produtos e mídias eram disponibilizados pela comunicação do STF (releases, sites, material audiovisual, televisão, rádio)?
- Qual o crescimento da presença de profissionais atuantes na comunicação do STF?
- Como se comportou esse quantitativo?

A coleta, a organização e a comparação desses dados nos permitiram não apenas mapear esse campo em seu sentido empírico, mas também estabelecer uma análise, ponderando o movimento do eixo interno da comunicação do Supremo com o da cobertura do tribunal.

Ao verificar os números, vemos que o apanhado quantitativo decorrente dessas questões indica tendências e variações desse processo de mudança na dinâmica comunicacional. Mas, ao se tratar de uma pesquisa de caráter qualitativo, os números precisam ser vistos dentro de um contexto no qual as informações obtidas pelas entrevistas e pelas fontes bibliográficas, documentais e jornalísticas se somem, matizando aquilo que não pode ser visto de pronto apenas pelos dados numéricos.

Eis o primeiro ponto levantado a partir de nosso argumento geral: 1 — como a política de comunicação do Supremo Tribunal Federal estabelece uma relação com a cobertura do Tribunal, criando uma dinâmica comunicacional.

O comportamento dessa dinâmica própria da comunicação, quando confrontada com informações relativas às mudanças na conjuntura política, nos permite ver como ela é afetada pelas oportunidades e constrangimentos das mudanças nesse contexto. Este é exatamente o segundo ponto levantado a partir do nosso argumento geral: 2 — como o contexto político oferece oportunidades e constrangimentos a essa dinâmica comunicacional.

Vejamos o caminho metodológico que percorremos:

Figura 4 — Caminho metodológico

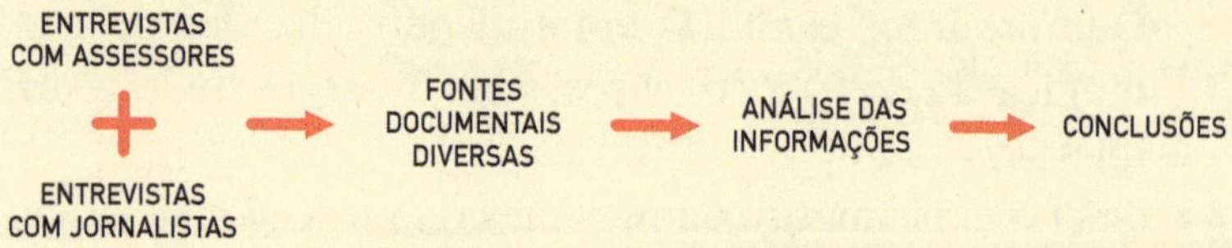

Fonte: Elaboração própria da pesquisa.

Vejamos como as informações foram filtradas em outra representação:[12]

12 Os gráficos 5 e 6 falam sobre a filtragem de informações e têm sua representação inspirada em filtros de café utilizados nos métodos chamados de "coados". Um detalhe de concepção afetiva e *nerd* de MP Drumond. A atenção a como representar visualmente as ideias é uma preocupação expressa nesse livro e presente em todo o processo de pesquisa.

Figura 5 — Aplicação da metodologia de entrevistas, pontuação de marcos e análises

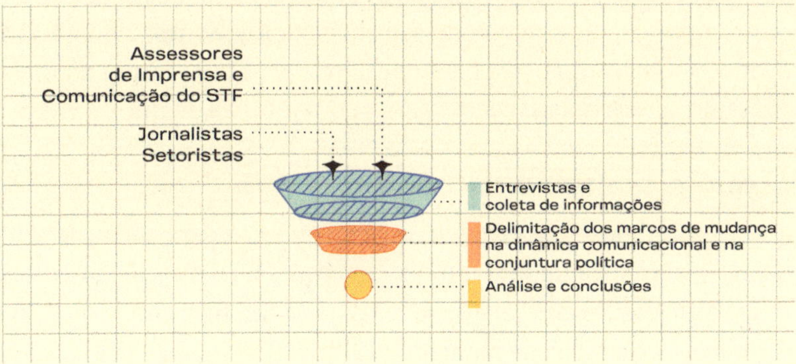

Fonte: Elaboração própria da pesquisa.

Como foram feitas diversas entrevistas, entre as presenciais e as de checagem, o trabalho de filtragem para organização das informações e suas respectivas análises foi seriado.

Figura 6 — Aplicação da metodologia de entrevistas, pontuação de marcos e análises (processo seriado — verificação de tendências e variações)

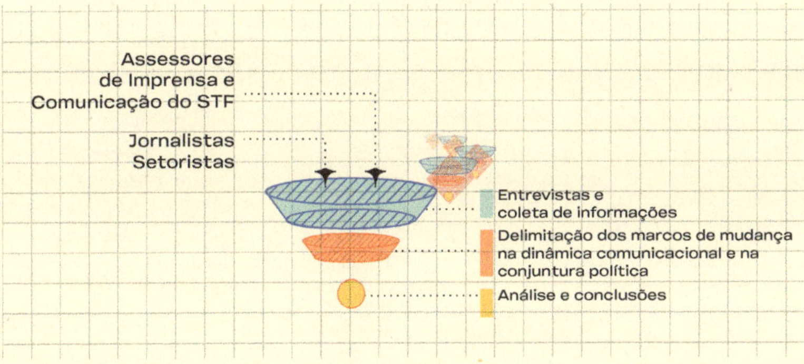

Fonte: Elaboração própria.

Às entrevistas e ao uso de fontes diversas[13] (bibliográficas, documentais e jornalísticas) se seguiu um extenso trabalho de organização e comparação das informações que nos leva a delimitar marcos temporais, ou o que pode ser chamado de pontos de inflexão de mudanças na dinâmica comunicacional e na conjuntura política. Juntamos esses dois aspectos para compor nossa análise.

O que o trabalho de campo revela

Como exposto, as entrevistas ocupam um lugar central na pesquisa. A elas se somaram buscas em arquivo, fontes documentais e jornalísticas. Isso, é claro, sem falar no imenso número de informações coletadas de maneira informal. São dados e percepções só possíveis de apreender pelo trabalho de campo. Nesse aspecto, vale ressaltar a rica experiência como pesquisadora, ao acompanhar a rotina do Comitê de Imprensa do Supremo Tribunal Federal (STF), onde os jornalistas setoristas do Tribunal realizam seu trabalho diário de cobertura da instituição. O primeiro contato estabelecido com o comitê foi durante a pesquisa de mestrado (PAIVA, 2012), que desenvolvi entre os anos de 2010 e 2012, cujo objeto era a Reforma do Judiciário. À época, iniciei um contato mais estreito com jornalistas e assessores e pude atestar o olhar privilegiado que tais atores têm, não só sobre a dinâmica comunicacional, como também sobre o processo político no qual o STF está inserido.

A primeira ideia sobre os pontos de inflexão na dinâmica comunicacional e na conjuntura política ganhou corpo ao longo da pesquisa de mestrado. As entrevistas feitas à época, em 2011, ocorreram antes do julgamento da Ação Penal 470, o chamado "Mensalão".

13 As pesquisas em fontes documentais se deram tanto pessoalmente — junto ao arquivo do Supremo — quanto por meio digital, contato por *e-mail*, telefone e pesquisa no site do Supremo. Outros documentos também foram conseguidos por meio de fornecimento de arquivo pessoal dos entrevistados. A coleta de fontes documentais se deu desde a primeira série de pesquisas exploratórias no Comitê de Imprensa do Supremo, em dezembro de 2018. O encerramento da maior parte da coleta ocorreu em fevereiro de 2019, quando foram feitas as últimas checagens para a tese. Contudo, novas fontes e informações foram atualizadas e incorporadas ao texto, em 2022 e 2023, compondo o material que na íntegra está presente neste livro.

Sem a presença desse evento — que marcou tanto a cobertura do Judiciário como a política brasileira —, jornalistas, assessores e diversos atores do Sistema de Justiça faziam referência à CPI do Judiciário, em 1999, e à Reforma do Judiciário, em 2004, como momentos de virada para o Judiciário em relação à opinião pública. Além disso, por aquela experiência confirmou-se a certeza de estar diante de um rico objeto de estudo a ser analisado, sendo eu própria envolvida na cobertura do tema

Feita essa observação, vale ressaltar que a pesquisa não tem um viés etnográfico, tampouco dialoga de maneira formal com a Antropologia. Ainda assim, é uma pesquisa feita por uma jornalista. Assim, é fato que a dimensão do convívio e dos aspectos apenas revelados pela rotina do Tribunal foi de extrema valia não só do ponto de vista objetivo, da obtenção dos dados coletados, mas também para a compreensão da dinâmica entre a comunicação desenvolvida institucionalmente e a cobertura — são diversas sutilezas somente apreendidas pela experiência material. Mesmo analisando o período de 1988 a 2004, foi enriquecedor estar presente no Comitê de Imprensa do Supremo em momentos como o do julgamento[14] pelo plenário da casa do pedido do *habeas corpus* do ex-presidente Luiz Inácio Lula da Silva.

O *habeas corpus* visava impedir a execução provisória da pena, fixada pelo Tribunal Regional Federal da 4a Região (TRF-4), no processo relativo ao Tríplex do Guarujá, no qual o ex-presidente foi condenado. O julgamento no STF ocorreu dia 4 de abril de 2018, contudo, vista em retrospectiva, a cena nos dava oportunidade de fazer ilações sobre como o Supremo saiu de uma estrutura rudimentar de Assessoria de Imprensa, com 3 pessoas no setor no ano de 1988, a uma comunicação organizada, exatamente 30 anos depois, com volume e subdivisões de atividades voltadas à redação, pesquisa, televisão e rádio. Se em 1988 havia 5 jornalistas fixos cobrindo o Tribunal, na madrugada do dia 4 de abril de 2018 — quan-

14 Ver detalhes em Albuquerque (2019).

do o julgamento do *habeas corpus* se encaminhava para o fim —, cerca de 35 jornalistas cobriam o plenário. À tarde, o número contabilizado por esta pesquisadora era de aproximadamente 50 jornalistas. Mesmo sendo aquele um dia não convencional na rotina do Supremo, até mesmo sua atipicidade demonstrava a trajetória que o STF trilhou da Constituição de 1988 até hoje, seja sob a ótica da comunicação ou da política. Mais uma vez, a pesquisa empenhava-se para explorar esse trajeto e analisá-lo pensando na perspectiva de um processo político. Até pelo próprio desenho da pesquisa e seu caráter qualitativo e exploratório, uma análise que valorize o bastidor deve se valer também daquilo que o cotidiano revela.

O caminho exploratório e as entrevistas

De acordo com Becker (2014), é preciso que as pesquisas qualitativas deem espaço para o mundo cotidiano e para o inesperado. Em muitos aspectos, é preciso que a teoria e o desenho de pesquisa guiem o estudo de campo, sem, contudo, servir como molde absoluto para que a realidade observada caiba em um modelo. O movimento é inverso e dialético. É preciso que a pesquisa tenha a capacidade de absorver e elaborar os fatos que só o campo pode oferecer. Por isso, a partir do conjunto de informações obtidas por meio das diversas fontes (orais, documentais, noticiosas e bibliográficas), pudemos construir os dados em um amiúde (ex.: que tipo de veículos cobriam o Supremo ano a ano de 1988 a 2004). Em um caminho quase indutivo — mais uma vez não tão usual na Ciência Política —, a prática e a proximidade com a empiria foram centrais para pensarmos o próprio desenho de pesquisa e quais lentes teóricas poderiam ser manuseadas na análise realizada.

Nesse sentido, vale atentar aos argumentos de Becker (2014, p. 188-189), questionando o mundo ideal dos modelos de pesquisa e seus pressupostos teóricos:

> Muita energia é desperdiçada em detalhes filosóficos, que muitas vezes têm pouco ou mesmo nada a ver com o que os pesquisadores fazem, por isso eu me concentro menos nos enunciados teóricos e mais na maneira pela qual os pesquisadores trabalham tais posições na prática. O que os pesquisadores

> fazem reflete uma certa acomodação às realidades na vida social, o que os afeta da mesma maneira que qualquer outro ator estudado pelos cientistas sociais, já que limita o que eles podem fazer. [...] Em suma, estou descrevendo a epistemologia prática, de que maneira o que fazemos afeta a credibilidade das posições que defendemos. Em geral, acreditado (sem surpreender ninguém ao fazê-lo) que os argumentos defendidos pelos pesquisadores qualitativos têm grande validade, mas não de maneira dogmática e geral pela qual tais argumentos são muitas vezes defendidos.

No artigo em questão, Becker (2014) defende que os métodos quantitativos etnográficos e os métodos quantitativos que usam *surveys*, embora aparentemente se sustentem, de fato possuem os mesmos argumentos epistemológicos. É a partir daí que ele puxa uma argumentação baseada essencialmente na capacidade de o pesquisador social lidar com os imprevistos do cotidiano e do campo, sem imaginar que é possível, diante da imprevisibilidade e da complexidade dos fatos sociais, criar um método "puro" sem interferência, já que "[...] a situação não é nunca exatamente como seria caso o pesquisador não estivesse lá" (BECKER, 2014, p. 192).

Esses pontos levantados são importantes para salientar o trabalho de campo que, em nosso desenho de pesquisa, em especial através das entrevistas realizadas, nos ajudou a pensar como as questões conjunturais ofereceram oportunidades e constrangimentos à dinâmica comunicacional. Precisamente, como está em nosso argumento, como o novo desenho institucional do STF, combinado com mudanças históricas e conjunturais (ou mudanças no processo político), impulsionou uma política de comunicação da instituição.

Diante de uma tarefa complexa, seria pouco factível seguir uma cartilha linear para realizá-la. Nesse sentido, voltamos a Becker (2014), que aponta para a importância do papel do pesquisador enquanto ator que gera influência na realidade estudada, ainda que ele espere mitigá-la ao máximo. Em resumo, o que se coloca é o cuidado com a realidade social, para que o pesquisador tenha a acuidade necessária a fim de perceber as questões que o campo coloca, ainda que elas fujam ao esquema proposto.

Conforme metodologia já utilizada em nossa pesquisa de mestrado[15], o uso de entrevistas com jornalistas que atuam na cobertura do Sistema de Justiça, assessores de comunicação da área e membros do Poder Judiciário mostrou-se bastante profícuo, por proporcionar a incorporação de informações de bastidores e a visão complementar ao discurso oficial. Neste ponto, cabe uma pequena digressão explicativa. Durante o início da minha pesquisa de mestrado, quando ainda trabalhava em seu modelo, ao narrar fatos sobre a Reforma do Judiciário (objeto da pesquisa de então) para uma amiga de outra área, colocando com "naturalidade" os impactos daquele processo "sabido por todos", recebi a seguinte pergunta: "Mas eu não sei de nada disso. Quem é que sabe?". O diálogo trivial trouxe à tona dois pontos importantíssimos para a agenda de pesquisa que hoje sigo.

O primeiro ponto era o de que eu sabia porque estava lá. Os anos em que acompanhei as mudanças no Sistema de Justiça brasileiro, por estar no local estratégico da assessoria de comunicação do Ministério Público, convivendo com repórteres da área, permitiram-me ver a dinâmica muito própria dessa relação que hoje me proponho a estudar. O segundo ponto diz respeito à necessidade de o Sistema de Justiça comunicar-se para chegar a pessoas que, distantes daquela área, desconheciam determinados processos e papéis a serem desempenhados. Essa necessidade de se posicionar diante da opinião pública, ocupar a agenda midiática e pública, coloca-se de maneira muito forte na empiria do que esse trabalho do que esse trabalho mapeia e analisa.

Feita essa consideração, é preciso ressaltar que a pesquisa apresentada neste livro, fruto do meu doutorado, propunha outros desafios e teve seu próprio caminho metodológico, mas a noção de que escutar quem participou dos processos históricos com proximidade traria informações relevantes remonta ao início da expe-

15 Em nossa pesquisa de mestrado, realizamos entrevistas com representantes do Sistema de Justiça e com jornalistas especializados na área. A escolha dos dois grupos, por sua posição como observadores privilegiados do processo político, foi extremamente proveitosa para a análise em questão.

riência acadêmica anterior. Aliás, pode-se dizer que foi a própria trajetória da formação enquanto pesquisadora, com destaque para o aprendizado no período do mestrado (como mencionado, quando comecei a acompanhar mais de perto os bastidores do Supremo), que me fez perceber que não só determinadas informações, mas até mesmo determinados "ângulos" de mudanças, só poderiam ser vistos por quem observa de perto. Nesse sentido, para investigar a dinâmica entre assessoria e setoristas, era premente conversar com os atores que participaram desse processo. É o ponto onde as fontes orais e as entrevistas se somam como peças-chave à pesquisa exploratória.

Por todas as razões expostas, vale ressaltar que a pesquisa realizada é de cunho qualitativo, por isso a opção por entrevistas do tipo semiestruturadas, feitas com um roteiro, ou o que podemos chamar de matriz, que serviu de guia para as perguntas levantadas. O fato de o roteiro conduzir a entrevista, sem restringi-la a pontos predeterminados, permitiu uma maior interação entre o pesquisador e o entrevistado.

A interação e a fluidez do discurso oral são pontos valorizados no desenho da pesquisa, que procurou auscultar a percepção de atores sociais. Nesse caso específico, a amostra dos sujeitos informantes foi de jornalistas setoristas do Supremo Tribunal Federal e especializados na cobertura do Judiciário e, em outro grupo, de todos os assessores que estiveram à frente da comunicação do Tribunal de 1988 a 2004.

As entrevistas foram realizadas em sua maioria[16] *in loco*, pessoalmente. Todas com a devida autorização para coleta de dados e divulgação. As conversas foram realizadas presencialmente em três cidades: São Paulo, Rio de Janeiro e Brasília. Foram entrevistadas, ao todo[17], 24 pessoas pessoalmente e uma por *e-mail*, além de um trabalho extenso de checagem por telefone e *WhatsApp*. Ao traba-

16 Apenas em uma checagem final ou para complementação de dados houve um contato posterior por telefone e *WhatsApp*.

17 Ver lista com os entrevistados citados ao final do livro.

lho de entrevistas somou-se o de busca em arquivo, documentos sobre a criação da assessoria de imprensa do Supremo, sua evolução na organização do Tribunal, informações sobre os profissionais que atuaram na área, nomeações, portarias etc. A essas informações deve-se acrescer, ainda, aquelas provenientes de matérias de jornais, revistas e outras publicações. Isso, é claro, destacando as informações coletadas informalmente, sobretudo em uma aproximação com o objeto só possível através da pesquisa de campo.

Ainda no tocante à entrevista, a escolha prioritária pela conversa estabelecida pessoalmente se deu tendo em mente as possibilidades de construção do discurso oral, cercado pelas camadas de subjetividade que são mitigadas pela escrita, que pode ser refeita e ponderada antes de ganhar uma forma definitiva. Vale destacar que o emprego da técnica da entrevista e seu entendimento como uma construção entre entrevistador e entrevistado está imbuído no sentido maior da metodologia qualitativa: "Trata-se de um trabalho que só pode ser realizado com o uso da intuição e da experiência" (MARTINS, 2004, p. 293). Nesse aspecto, o uso de um roteiro semiestruturado nos ajudou a tornar as perguntas mais objetivas e garantir que as nuances da fala sejam apreendidas.

Do ponto de vista da construção metodológica, realizamos uma coleta de dados em duas etapas. A primeira é relativa às entrevistas. No início da pesquisa, foram realizadas algumas entrevistas exploratórias, de aproximação com o campo, em períodos esparsos, a depender da disponibilidade das fontes. Isso ocorreu no final de 2015, no início do meu doutorado, e em 2017, quando já se havia formatado um escopo básico de questões a serem tratadas. Posteriormente, agora já dispondo de um roteiro semiestruturado definitivo, entre abril e maio de 2018 foi realizado um trabalho de pesquisa de campo de dois meses com entrevistas, coletando dados e observando diretamente a rotina do Comitê de Imprensa do Supremo.

As entrevistas serviram como filtro necessário para a demarcação e cronologia dos principais marcos temporais indicadores de mudanças tanto na dinâmica comunicacional (comunicação interna e cobertura) quanto na conjuntura política. Foi a partir das informações coletadas nas entrevistas em conjunto com as fontes primárias (bibliográficas, documentais e jornalísticas) que as análises foram feitas. É o que denominamos de marcos, ou pontos de inflexão, dos anos de 1990 e 2000. A partir desses marcos, foi possível observar variações do processo de mudança estudado, propondo explicações e interpretações para tais mudanças.

A Justiça na agenda pública

Abordar a relação entre a Justiça e a Comunicação é se impor o desafio de pensar a organização de um novo subcampo de estudos ou mesmo ordenar elementos do que se pode chamar de uma "especialidade interdisciplinar" (GOMES, 2004). Esse esforço prescinde do entendimento da relação entre a Política e a Comunicação, visto que a conexão com a Justiça advém do papel que a Comunicação tem para as instituições políticas. O Judiciário, em um recorte específico do que engloba todo o Sistema de Justiça[18], é uma instituição política e, como tal, está circunscrito nessa problemática.

Se é preciso estar na agenda midiática para fazer política e se a política se faz de forma estratégica, há uma espécie de agendamento estratégico do STF, no qual a hipótese do *agenda-setting research* e a abordagem estratégica[19] parecem iluminar a questão teoricamente, perfazendo um diálogo que pode avançar em uma

18 Neste livro, usamos a expressão Sistema de Justiça em sentido amplo ao nos referirmos não apenas ao Poder Judiciário, mas também às outras instituições que atuam no processo judicial. No Brasil, vale ressaltar, a expressão particulariza-se ao designar um conjunto de instituições que, de fato, têm atuação sistêmica, conforme dispôs a Constituição Federal (CF) de 1988, ao designar o papel do Poder Judiciário (Capítulo III, art. 92 ao art. 126) e das Funções Essenciais à Justiça (Capítulo IV, art. 127 ao art. 135). Essas instituições são compostas pelo Ministério Público, pela Advocacia Pública, pela Advocacia e pela Defensoria Pública. O Sistema de Justiça distingue-se do sistema legal, embora, como colocado, envolva diferentes agentes e tenha uma organização espacial e processual própria (SADEK, 1999). Sob o ponto de vista dos estudos em Ciência Política, Sadek (2002) coloca o Sistema de Justiça como uma área relativamente autônoma, mas que tem invocado para si questões anteriormente tratadas pelo Direito, pelas Ciências Sociais e pela História, embora tratando-as sob uma ótica diversa.

19 Teoria que está ligada ao behaviorismo judicial e que será mais bem detalhada ao longo do segundo capítulo.

base teórica sobre o comportamento das cortes na agenda midiática e pública.

Uma agenda de pesquisa que faça relação entre o Judiciário e a Comunicação, ao pensar a ligação entre a magistratura e a sociedade, ou o que se pode denominar de *opinião pública*, deve levar em conta a mídia como ponto de ligação entre esses dois eixos. É a sociedade mediada (BRETON; PROULX, 1997; BRIGGS; BURKE, 2006; THOMPSON, 1998; WEBER, 2002). Assim, nas sociedades contemporâneas, cabe à mídia nos dar ciência de uma série de fatos cotidianos com os quais não teríamos contato se não fosse por ela. A expressão "Deu no *New York Times*" talvez seja o melhor resumo coloquial do que chamamos de *agendamento*.

Exemplos triviais nos mostram que podemos tomar conhecimento de uma série de acontecimentos cotidianos em nossa vizinhança sem a intervenção midiática. O aumento do condomínio, uma rua fechada para obras etc.; eventos da nossa agenda particular que prescindem do aparato midiático. O mesmo não se pode dizer de acontecimentos que estão distantes fisicamente de nós, aos quais não temos acesso direto aos seus agentes e nem contato prévio com seus processos. Esses acontecimentos passam a existir (ou passamos a saber que eles existem) através da mídia; são os chamados temas da agenda midiática.

Sem dúvida, ao falarmos da cobertura do Sistema de Justiça, ficam patentes exemplos dessa natureza. Das informações processuais contidas nos vazamentos da *Operação Lava Jato* às matérias sobre os votos e os comportamentos de alguns ministros do STF, o que se observa é o agendamento de assuntos sobre os quais a sociedade começa a "falar sobre" porque eles passaram a ser ostensivamente pautados pela mídia. Nesse sentido, como temos levantado ao longo do texto, nossa pesquisa pretende demonstrar não apenas a escalada de importância da temática jurídica na cobertura, como também a forma como ela se desenhou a partir da relação estabelecida entre o desenvolvimento de uma área de *expertise* de comunicação no Judiciário e a cobertura especializada por parte da imprensa.

Um exemplo corriqueiro talvez ilumine a questão: vale o mero exercício de pensar se expressões como “embargos infringentes” passariam a ocupar com tanta frequência o noticiário e as conversas casuais sem a massiva cobertura do julgamento do caso *Mensalão*. Isso é algo que nos ajuda a perceber a importância do agendamento. Em resumo, a teoria coloca que é através da mídia, embora não somente dela, que tomamos ciência de uma série de fatos cotidianos os quais não poderíamos acessar diretamente. A partir dos avanços dos estudos sobre a comunicação de massa, dada a sua importância para se pensar o século XX, uma lupa foi colocada para pensar teoricamente como se davam os processos comunicacionais, em especial seus efeitos, refinando a teoria sobre como a mídia influencia nosso entendimento da realidade.

A teoria aponta que, em certa medida, a mídia constrói uma realidade. Há diversas correntes teóricas nos estudos midiáticos que tentam dar conta dessas possibilidades e dos limites dessa construção, são as chamadas teorias dos *media effects*. Posteriormente, em ciclos distintos, os estudos da área vão verificar: se os efeitos da mídia são fortes e diretos (décadas de 1920 e 1930), quais as limitações dadas pelo fluxo da informação (décadas de 1940 a 1960), se esses efeitos ocorrem a longo prazo e de forma cumulativa (década de 1970) e como eles são mediados por uma interpretação entre os meios e a audiência, intercalando efeitos fortes e fracos (década de 1980).

Um dos pesquisadores a estudar a relação entre a mídia e a realidade foi o norte-americano Walter Lippman (2010), em 1922, no livro *Public opinion* no qual lembrava que a mídia não reproduzia a realidade, mas interpretava e criava representações dela. As teorias de comunicação que tratavam do amplo campo dos *media*, ou os chamados meios de comunicação, foram afunilando-se para analisar as características específicas de uma vertente comunicacional: o jornalismo. E aqui entra em questão como a produção da notícia interfere na realidade e vice-versa.

Nesse sentido, até pelo escopo de teorias da comunicação mobilizadas pelo trabalho, é importante definir o conceito de opinião pública. Ao olharmos para a mídia como ferramenta que ajuda na construção de uma realidade, prevalece a ideia de que a opinião pública é a "representação de um conjunto de opiniões individuais semelhantes entre si a respeito de temas de interesse coletivo" (SILVA, 2014, p. 441). Esta, em termos gerais, é a chave do pensamento de Lippman (2010), que coloca a opinião pública como um agregado de opiniões individuais, dando ênfase ao papel dos meios de comunicação de massa como fator preponderante na construção dessa opinião.

Claramente, as proposições de Lippman (2010), publicadas originalmente em 1922, foram atualizadas, inclusive com as pesquisas que revelaram a importância dos formadores de opinião como mediadores entre a mídia e os indivíduos. Contudo, numa linha diversa da estabelecida por teóricos como Habermas (2003), que trabalham o conceito de esfera pública e estão preocupados com as instâncias deliberativas, das escolhas feitas nessa arena — marcadamente importante para as pesquisas eleitorais, de processos decisórios etc. —, os estudos que se desenvolvem dentro da teoria da comunicação tendo Lippman como base estão olhando para a mídia como elemento construtor de uma realidade. Este é o ponto com o qual trabalhamos: o papel da mídia como formadora de uma ideia que passa a ser pautada na agenda pública.

Uma das correntes mais relevantes que estuda a relação entre imprensa e realidade é o chamado *agenda-setting research*, no Brasil intitulado de *agendamento*, conforme já nos referimos. Segundo essa corrente, os meios de comunicação de massa, pelo fato de prestarem atenção em certos acontecimentos e ignorarem outros, produzem efeitos sobre o público. Ou seja, a imprensa não diz necessariamente ao público como ele deve pensar, mas sim quais são as questões da atualidade sobre as quais é importante ter uma opinião, seja ela qual for. Desde a publicação do livro de Lippmann, em 1922, as análises dos efeitos da mídia na realidade ganharam maior atenção. Porém, é indiscutível que foi com Max McCombs e Donald Shaw (1972) e com os estudos de Chapel Hill (realizados em 1968 e publicados em forma de artigo na revista *Public Opinion*

Quarterly, em 1972) que o termo *agenda-setting*[20] surgiu e ganhou expressão acadêmica.

Assim, essa corrente se desenvolve dentro do campo de estudo teórico: a primeira geração do agendamento visava verificar a mera imposição temática, e a segunda geração vai além, busca comprovar e aferir a imposição de um determinado enfoque teórico. Esta última aproxima mais o *agenda-setting* das teses sobre o fenômeno da persuasão e da aculturação.

Como veremos no 2o capítulo, é possível aproximar o agendamento das perspectivas de análise estratégica do Judiciário, na medida em que esses estudos se voltam para a relação entre atores, seus interesses e os objetivos pretendidos. O "agente" que mobiliza o agendamento. Contudo, há também afastamentos, considerando que a adequação feita entre *agenda-setting* e abordagem estratégica tem limites claros. Saímos da tomada de decisão pelo voto para a comunicação, dos indivíduos para a instituição, ressaltando-se ainda a importância do contexto. São pontos de diálogo que tentamos estabelecer entre os dois aportes teóricos. Mais adiante falaremos sobre a questão da estratégia, por ora é importante nos concentramos no agendamento.

José Rodrigues dos Santos (2015, p. 125) salienta a importância das realidades mediadas e o agendamento destas, especialmente diante da complexidade que o tecido social ganha a cada dia:

> O *agenda-setting* constitui, na verdade, um problema de representação do real. Cada vez mais, o grande público que vive nas sociedades industrializadas deixou de ter contato com importantes fatias da realidade, ficando por isso dependente da mediação exercida pelos meios de comunicação de massa. A comunicação social transformou-se numa espécie de extensão

---

20 Para comemorar os 50 anos do agendamento, um artigo de McCombs, Shaw e Weaver (2014), intitulado "*New Directions in Agenda-Setting Theory and Research*", atualiza as questões relativas ao agendamento. Dois outros exemplos de artigos que atualizam a hipótese, ainda que com recortes específicos para a aplicação de cada análise, são: "*The Dynamics of Public Attention: Agenda-Setting Theory Meets Big Data*", de Neuman, Guggenheim, Jang e Bae (2014), e "*How Political Elites Process Information From the News: The Cognitive Mechanisms Behind Behavioral Political Agenda-Setting Effects*", de Sevenans, Walgrave e Epping (2016).

cognitiva do homem, um pouco na linha do que havia sido preconizado por McLuhan. O seu efeito de agendamento parece refletir-se, a um primeiro nível, na definição do que constitui ou não um tema da atualidade. O segundo nível, *agenda-setting*, vai ainda mais longe, ao estabelecer a própria hierarquia e prioridade de temas.

O que temos, então, é além de um agendamento pessoal (temas cotidianos, relativos ao universo restrito de uma pessoa ou de um número específico delas), um agendamento midiático, que obedece aos próprios critérios da mídia, como a linha editorial dos veículos, a factualidade, a relação com outras pautas noticiadas. São inúmeros os aspectos presentes na construção da notícia, mas, *grosso modo*, é possível ver que a mídia tem seus critérios de relevância ao apontar ou não o que está na sua agenda. Segundo o agendamento, da junção desses dois planos temos a agenda pública.

> Os temas da mídia presentes na agenda de temas de grande parte do público adquirem uma visibilidade social que nenhum tema da agenda particular deve ter. [...] Os temas da mídia não ocupam os lugares mais importantes da agenda de ninguém, mas, como estão presentes nas posições intermediárias de um grupo considerável de indivíduos, ganham em força por conta dessa presença numérica. Os temas discutidos por um número alto de pessoas tornam-se o principal tema da agenda pública (MARTINO, 2014, p. 208).

O que o agendamento coloca é que os temas pautados pela mídia tendem a ser discutidos na agenda pública. O mencionado estudo clássico de McCombs e Shaw (1972) tinha como meta exatamente este ponto: medir a influência dos *media* na definição dos temas discutidos pelos indivíduos. O programa de televisão norte-americano *The Day After*, sobre as consequências de uma guerra nuclear, foi tomado como instrumento para medir essa influência. Como resultado, antes do programa o tema sobre a guerra nuclear ocupava a 13a posição na medição dos pesquisadores sobre o que estaria presente na preocupação do conjunto dos indivíduos, a chamada agenda pública. No dia seguinte à veiculação, o tema pulou para o primeiro lugar. Assim, McCombs e Shaw (1972) conseguiram mostrar a existência de um vínculo entre a temática presente nos *media* e a agenda pública.

Contudo, é importante perceber que o agendamento pode ser um fator definidor do que se fala, de um objeto e de seus atributos, mas a abordagem mais detalhada sobre o que se fala tem outras variáveis. O jornalista e professor Martino (2014) narra um curioso episódio ocorrido quando ele trabalhava, nos anos 1990, no Centro de Estudos de Ética na Comunicação, então coordenado por Clóvis Barros Filho, principal responsável por trazer o debate sobre agendamento para a academia brasileira. Martino (2014) fala sobre um escândalo político envolvendo precatórios emitidos pela prefeitura de São Paulo. À época, o tema foi manchete dos jornais por cerca de 15 dias, estando completamente agendado pela mídia. Com o objetivo de mostrar o tema na agenda pública, o grupo de pesquisa entrevistou 402 pessoas. Os números comprovavam o agendamento. A totalidade dos entrevistados confirmou que ouviu falar dos precatórios e que a fonte de informação foi a mídia. Quando questionados sobre se tinham falado sobre o tema com alguém, quase 100% responderam positivamente. Perguntou-se ainda se as pessoas sabiam o que eram precatórios, e 90% afirmaram que sim. Finalmente, foi pedido que os entrevistados definissem os tais precatórios, e apenas duas pessoas responderam corretamente. Assim, como arremata Martino (2014, p. 210), com ironia, "[...] durante alguns dias a cidade inteira conversou sobre o assunto sem ter a mínima ideia do que estava falando".

Como no exemplo dado, de um modo geral, o agendamento pode comprovar a importância da mídia na agenda pública sobre "o que" se fala. Além disso, no que é chamado de segundo nível do *agenda-setting* ou *agendamento de atributos*, pode se dar ênfase à determinada característica do tema e/ou suprimir outra, de alguma maneira contribuindo para o tipo de entendimento que se tem de determinado objeto. Nesse caso, há um encaminhamento da pauta. É possível, por exemplo, fazer um texto sobre medidas de combate à corrupção destacando aspectos processuais e fazer outra matéria sobre o mesmo tema, com praticamente as mesmas palavras e estrutura, destacando aspectos morais. A ênfase estaria nesse segundo nível do agendamento. Porém, é preciso não confundir essa ideia com a de enquadramento ou *framing*, que pressupõe maior complexidade na abordagem construída.

Para estreitar a ligação da teoria com a relação mídia e Justiça, um bom exemplo para destacar o agendamento de segundo nível é a célebre menção à improvável dupla Marx e Hegel[21], feita pelo Ministério Público de São Paulo, em uma coletiva de imprensa, realizada no dia 10 de março de 2016, na qual se pedia a prisão preventiva do ex-presidente Luiz Inácio Lula da Silva por lavagem de dinheiro e falsidade ideológica. De forma literal, a denúncia afirmava que as atuais condutas do denunciado Luiz Inácio Lula da Silva certamente deixariam Marx e Hegel envergonhados.

Esse é um caso típico em que o assunto pretendido pela coletiva foi de fato agendado, mas o atributo destacado pelos *memes* que faziam referência a Marx e Hegel não era o pretendido pela operação. Isso nos mostra como a questão do agendamento por si só, no que concerne ao objeto falado, tem sua importância atrelada à forma como é abordado. Os atributos contam, mas eles são apenas parte de uma construção narrativa mais ampla. Assim, é preciso atentar não apenas para um tema ou objeto em pauta, mas para sua abordagem e, como pretendemos mostrar na pesquisa, para o aparato de comunicação necessário no tratamento com a opinião pública. Por isso, a necessidade da *expertise* da área para entender como se constrói agendamento e diversos outros elementos dos processos de comunicação.

Estar na agenda pública é um movimento de disputa que está ligado à capacidade de os próprios atores sociais e as instituições agendarem temas, criarem uma abordagem específica e competirem por um espaço e uma imagem a ser construída. Vale lembrar que, ao pautar diretamente um tema na agenda pública, as fontes também incidem sobre a cobertura da agenda midiática e, portanto, da própria cobertura dos veículos da imprensa. A mídia das fontes, então, não apenas mostra a complexidade das relações entre asses-

---

21 Ver mais detalhes em: https://www.jota.info/opiniao-e-analise/artigos/para-alem-de-marx-e-hegel-16032016.

soria de comunicação e mídia, mas ultrapassa modelos cartesianos como enceta outra questão: a busca por se mostrar de determinada forma e alcançar a opinião pública é uma busca por poder e não está restrita à criação de veículos internos ou outros instrumentos de informação. Vai além ao influenciar o próprio aprendizado institucional em se comunicar.

É sob essa perspectiva que se desdobram dois pontos. Primeiro, o de que a relação entre Judiciário e sociedade não ocorre de maneira direta. Ela é mediada e exige um desenvolvimento da *expertise* em comunicação do próprio Judiciário. Há no meio do caminho a mídia especializada, aqui entendida na figura dos jornalistas setoristas e a assessoria de comunicação, a engendrar uma dinâmica particular. Segundo, ressalta-se que a disputa pelo espaço na agenda midiática, que leva a agenda pública, é uma disputa política.

Capítulo 2

O Supremo Tribunal Federal e o processo político: o caminho para um poder superlativo

Neste segundo capítulo, o livro volta sua atenção para um recorte sobre como o Supremo Tribunal Federal (STF), especialmente entre 1988 e 2004, foi se tornando uma instituição de poder político crescente em relação ao Executivo e ao Legislativo. Vamos um pouco além desse período, mostrando aspectos que antecederam o *Mensalão* na gênese de uma justiça ligada aos desejos. A relação com o Executivo e o Legislativo mostra a base do nosso argumento: o Judiciário se comunica porque é político e, como tal, precisa ocupar a agenda midiática e pública.

Por isso, neste 2° capítulo, se demonstra o crescente protagonismo político do Judiciário. Em um retrospecto, vemos como a Constituição de 1988 dá um acúmulo de poderes ao STF em pontos como: as atribuições do foro especial por prerrogativa de função, a apreciação sobre atos do Executivo e do Legislativo e a atuação como Tribunal de apelação em última instância. Outro fator a ser salientado é que a Constituição aumentou o número de legitimados a entrarem com Ação Direta de Inconstitucionalidade, a ser julgada pelo STF, aumentando potencialmente a atuação da Corte em relação a demandas que não seriam mais restritas ao Procurador Geral da República. Mas se a Carta de 1988 é o primeiro momento nesse elenco de mudanças legislativas e institucionais importantes, deve-se destacar também outros dispositivos.

Inicialmente, os anos 1990 foram marcados pela Emenda Constitucional nº 3 que, promulgada em 1993, representou um 2° momento de acréscimo de poder ao Supremo. A EC nº 3 atuou como uma ferramenta de sustentação ao Plano Real de forma dupla: tanto instituiu o Imposto Provisório sobre Movimentação Financeira (IPMF) como desvinculou a parcela dos tributos federais, criando um Fundo Social de Emergência (FSE). Ambas eram medidas atreladas à implantação do Plano Real. A primeira fazia parte do ajuste fiscal e a segunda dava mais flexibilidade à transferência de recursos do governo federal aos estados e municípios, ajudando a diminuir os efeitos negativos do plano.

Não à toa, a mesma EC nº 3 criou a Ação Declaratória de Constitucionalidade (ADC), julgada pelo Supremo, tendo efeito vinculante no Judiciário e no Executivo. O objetivo era ter um recurso à mão para evitar o ingresso de diversas ações questionando a constitucionalidade do plano, como ocorreu nos pacotes econômicos do governo Sarney (1985-1989) e Collor (1990-1992)[22]. Com a ADC, o governo federal teria à mão um "atalho" para dirimir controvérsias jurídicas através de um recurso direto ao STF (ARANTES e COUTO, 2009). Se, por um lado, o governo Itamar Franco (1992-1995) ganhava uma ferramenta jurídica que servia de anteparo ao Real, por outro, alargava o potencial poder ao Supremo através de mais um instrumento de controle de constitucionalidade.

Um terceiro momento de ampliação dos poderes do STF ocorreu no final da década, precisamente em 1999, através das Leis n 9.868 e 9.882. A primeira, de 10 de novembro, diz respeito à Ação Direta de Inconstitucionalidade e à Ação Declaratória de Constitucionalidade perante o Supremo Tribunal Federal, e a segunda, de 3 de dezembro, dispõe sobre o julgamento da Arguição de Descumprimento de Preceito Fundamental (ADPF). Ambas as leis e seus dispositivos dizem respeito ao controle de constitucionalidade — que aparece como peça-chave para reforçar o papel político do Supremo.

A questão é que quanto maior o alcance do *judicial review* do Supremo, maior é o alcance do poder do Tribunal, em especial em relação ao Executivo e ao Legislativo. Para se pensar sobre tais ações, é importante lembrar que, em 1997, o mundo inteiro sofreu os efeitos da crise financeira asiática. No caso do Brasil, vale destacar a abrupta desvalorização do Real, em janeiro de 1999. Se acrescentarmos ao cenário questões como a Reforma Administrativa implementada pela Emenda Constitucional nº 19, de 1998, que mexeu com a estabilidade de servidores públicos municipais, estaduais e federais, instrumentos como a ADPF — que levam a

---

22 Arantes e Couto (2009) tocam nos aspectos relativos ao governo Sarney (1985-1989). Sobre o governo Collor, um demonstrativo numérico é relevante: os anos de 1990 representam 30% das ações diretas que ingressaram no Supremo de outubro de 1988 a dezembro de 1992, sendo um pico de ingresso desse tipo de ação quando comparado aos anos de 1989, 1991 e 1992 (ARANTES, 1997, p. 163).

discussão direto para o Supremo — são bastante palatáveis, por garantir uma certa uniformidade de decisões. Vale lembrar que a própria, EC nº 3, de 1993, usou essa lógica de concentrar poder no Supremo para evitar constatações que se espalhassem pelo país em instâncias diversas.

Em 2001, a Emenda Constitucional nº 35 se soma ao elenco de instrumentos legais que ampliaram o poder político do Supremo. Com ela, o Ministério Público passou a poder propor a ação penal perante o STF sem precisar de prévia autorização da Câmara e do Senado. Embora as casas legislativas ainda possam sustar tais investigações, mesmo do ponto de vista político, o custo de barrar algo iniciado é mais alto do que o de não autorizar seu início. De forma efetiva, o Supremo amplia sua condição de interferência no Executivo e no Legislativo. Um exemplo atual e contundente é o processo contra o ex-deputado federal e ex-presidente da Câmara dos Deputados, Eduardo Cunha (PMDB-RJ). Sem a EC nº 35, o Supremo não poderia ter iniciado o julgamento da ação, que necessitaria da autorização da casa legislativa da qual o deputado era integrante. Ainda que o Supremo tenha decidido o *timing*[23] para dar sequência à ação, o que só ocorreu depois do processo de *impeachment* da presidente Dilma Rousseff (2010-1016), coube ao Tribunal receber a ação e julgá-la sem ter como filtro a anuência da Câmara ou do Senado. Essa possibilidade é resultado da EC nº 35, de 2001.

---

23 Em relação ao tempo para dar seguimento ao julgamento da ação contra o ex-deputado Eduardo Cunha (PMDB-RJ), foram suscitados diversos questionamentos, em especial apontando o fato de que, se o julgamento do ex-deputado tivesse sido realizado antes do processo de *impeachment*, isso teria mudado os rumos da conjuntura política em 2016. Cunha era presidente da Câmara e capitaneava o processo de impedimento naquela casa legislativa. Seu afastamento anterior à sequência do impedimento, muito provavelmente, teria influenciado o processo. Cunha foi afastado das funções de presidente da Câmara e de deputado por pedido feito pela Procuradoria Geral de República (PGR) junto ao STF. Na ação, ele respondia por corrupção e lavagem de dinheiro, acusado de ter recebido US$ 5 milhões em propina do esquema investigado pela Operação Lava Jato. O pedido foi realizado pela PGR no dia 16 de dezembro de 2015, e seu afastamento foi julgado procedente no dia 5 de maio de 2016. O *impeachment* de Dilma Rousseff se concluiu na Câmara Federal no dia 11 de abril de 2016.

Ainda nos anos 2000, precisamente em dezembro de 2004, outra alteração legislativa importante é a Reforma do Judiciário, promulgada pela Emenda Constitucional nº 45. O projeto de Reforma havia tramitado por 12 anos no Congresso, tendo diferentes configurações ao longo do tempo. Sua promulgação, em 2004, faz parte de uma série de propostas do pacote reformista do governo Lula (2002-2010). Dentre várias questões, a Reforma atendia a uma demanda de previsibilidade e prestação de contas do Poder Judiciário e acabou por reforçar a centralização da Justiça em sua cúpula: o Supremo Tribunal Federal (PAIVA, 2012). Dois exemplos dessa centralização estão no fato de que o STF ficou acima do Conselho Nacional de Justiça (CNJ), não estando sujeito às suas deliberações e sanções. Nesse sentido, vale destacar que o cargo de presidente do CNJ é exercido pelo próprio presidente do Supremo. Além disso, instrumentos como a súmula vinculante deram ao Tribunal um poder não só sobre as decisões do Judiciário, em matérias tratadas pelas súmulas, como também sobre o Executivo e Legislativo, que, ao descumprirem as decisões sumuladas, podem ser acionados em ação direta junto ao próprio Supremo.

Esses pontos ajudam a explicar, no plano institucional e legal, como o Supremo foi angariando poder. Se durante a ditadura militar se vivia um "executivismo", ou um "presidencialismo imperial" (ARANTES, 1997), a Constituição Federal de 1988 e uma série de dispositivos legais — dos quais aqui pontuamos alguns — foram criando uma "supremocracia" (VIEIRA, 2008). O Supremo foi se tornando um ator de importância destacada no processo político. Nesse segundo capítulo observamos a base legal desse movimento. Por isso, após tratarmos de como o Supremo vai angariando poder político, nos cabe procurar na teoria da Ciência Política quais lentes podemos usar para melhor analisar esse movimento.

Neste ponto, se apresenta a questão da escassa literatura quanto aos estudos sobre Justiça que tentem unir Comunicação e Ciência Política em um aparato teórico que estabeleça um diálogo efetivo entre as duas áreas. Contudo, na Ciência Política, o behaviorismo judicial debruça-se sobre o comportamento político do

Judiciário. Então, após mostrar a trilha de amplitude de poderes adquiridos pelo Supremo, cabe-nos ver quais teorias podem ser mobilizadas para pensar politicamente o Judiciário. Assim, neste capítulo, após nos determos nos poderes do Supremo e em sua visibilidade pública, abordamos o behaviorismo judicial, em especial a teoria estratégica — matizada por questões institucionais —, como uma possibilidade para pensarmos a ligação entre comunicação, justiça e política.

STF e o ordenamento jurídico: a base legal da ampliação de poderes

A Constituição Federal de 1988 é considerada um marco em diversos sentidos, em especial por ter projetado o Poder Judiciário como peça central do desenho de Sistema de Justiça[24] e pela ampliação dos direitos fundamentais. Assim, projetava-se um modelo em que as instituições da Justiça se ampliaram, bem como o rol de direitos sobre os quais elas deveriam exercer proteção. Vale lembrar a reestruturação do Ministério Público[25], que saiu do guarda-chuva do poder Executivo — deixando de ser defensor dos interesses do Estado ou ter atuação restrita à Ação Penal Pública. Seu leque de atribuições aumenta significativamente, passando a atuar, por exemplo, na promoção e proteção dos direitos coletivos e difusos, criados pela nova Constituição. Vale destacar, nesse conjunto de mudanças, que a instituição passou também a ter autonomia política e administrativa. Posteriormente, ainda que de forma tardia, a partir de 2004, com a Emenda Constitucional nº 45, a Defensoria Pública União também se tornou autônoma financeiramente. São exemplos desse conjunto de instituições judiciais as chamadas "funções essenciais à Justiça" (Capítulo IV, do art. 127 ao art. 135), que demonstram essa "aposta" feita pela Constituição Federal de 1988 em um protagonismo da Justiça, aqui entendida em um siste-

25 Para mais detalhes sobre o Ministério Público, ver: Maciel e Koerner (2014).

ma do qual o Judiciário é parte. Algo distinto do que era possível ver durante a Ditadura Militar.

Especificamente, ao focarmos no Poder Judiciário, a Constituição também garantiu independência e autonomia, o que não era possível com o texto constitucional anterior[26] (SADEK; ARANTES, 1994). Ganhos esses que, se deve ressaltar, não vieram à toa. As articulações em torno da Constituinte mostram que o arranjo político do Poder Judiciário não é apenas resultado de um processo histórico, ele se comportou como sujeito ativo para conquistar esse status (LIMA, 2018). O *lobby*[27] atuou, portanto, para manter a estrutura do STF (LIMA, 2018) e para garantir vantagens corporativas (FERREIRA FILHO, 1994).

No caso do Ministério Público, por exemplo, o *lobby* não explicaria por completo esse movimento para dar mais poderes à instituição[28]. Fato é que, com todas as nuances do processo Constituinte, condições sociopolíticas, *lobbies* e negociações diversas, dentro de um modelo de Sistema de Justiça houve uma ampliação dos poderes do STF. Vejamos aqui alguns exemplos elencados:

---

26 "O texto constitucional anterior, prevalecente durante o regime militar, inviabilizava de diversas formas o seu funcionamento como um poder independente, desde a suspensão de sua autonomia financeira até as garantias da própria magistratura. A partir de 1988, diferentemente, tornou-se efetivo e não meramente formal o princípio da independência dos poderes. A nova Constituição assegura a autonomia administrativa e financeira do Judiciário, cabendo a este poder a competência de elaborar seu próprio orçamento, que deverá ser submetido ao Congresso Nacional conjuntamente com o do Executivo" (SADEK; ARANTES, 1994, p. 37).

27 Em entrevista ao jornalista Luiz Maklouf Carvalho (2017, p. 281), Carlos Ary Sundfeld fala sobre a participação de ministros na Constituinte e sua pressão para angariar poder para o Tribunal: "Havia muitas ideias, como a de deixar o Supremo só como Corte constitucional, deixando as competências mais jurisdicionais para outra Corte — como o STJ, também criado pela Constituição. A minha impressão geral daquele processo foi que eles lutaram não só para manter tudo junto — Corte constitucional e até penal —, mas para fazer alguns arranjos que aumentassem seu poder. Foi um *lobby* muito bem-feito pelos ministros do Supremo e talvez ex-ministros".

28 "Não se trata de negar a face corporativa da mobilização política de promotores e procuradores de justiça, mas de destacar as condições sociopolíticas sob as quais a pauta institucional foi vinculada ao movimento geral pela democratização e, assim, angariou legitimidade pública como alternativa viável para o sistema político responder às pressões sociais para a democratização do Judiciário" (MACIEL; KOERNER, 2014, p. 100).

(i) ampliação do rol de legitimados para a movimentação do controle concentrado; e (ii) eliminação das barreiras de acesso ao controle difuso, por meio, sobretudo, da eliminação dos requisitos de relevância geral como condições especiais de admissibilidade do recurso extraordinário. Apontado pelo texto de 1988 como o órgão responsável, 'precipuamente', pela 'guarda' da Constituição, esse tribunal foi inteiramente reformado pela nova Carta, destacando-se, entre as características gerais desse processo da reforma, uma enorme preocupação em ampliar as vias de acesso popular à sua jurisdição. Isso se traduziu em instrumentos os mais diversos, entre os quais sobrelevam os seguintes: (i) ampliação do rol de legitimados para a movimentação do controle concentrado; e (ii) eliminação das barreiras de acesso ao controle difuso, por meio, sobretudo, da eliminação dos requisitos de relevância geral como condições especiais de admissibilidade do recurso extraordinário (VERÍSSIMO, 2008, p. 409).

O que temos, enfim, é uma Constituição que deu ao Supremo competências superlativas. A Constituição Federal atribuiu ao STF poderes que, mundo afora, estariam divididos em pelo menos três tipos de instituições: tribunais constitucionais, foros judiciais especializados e tribunais de recursos de última instância (VIEIRA, 2008). Esse é o ponto de partida para se colocar uma ampliação de poderes não restrita a um momento. É o que Arguelhes e Ribeiro (2016) chamam de uma série transformações por adições. O resultado dessas expansões de competências "[...] foi um tribunal de natureza marcadamente distintas de suas encarnações constitucionais anteriores" (p. 410).

A articulação política para ampliar o número de legitimados[29] para propositura das ações do controle concentrado de constitucionalidade junto ao STF foi um dos ganhos mais importantes para a instituição. A medida desfez o monopólio do Procurador-Geral da República para ingresso das ações e, como mais agentes passaram a poder acionar o Supremo nesses casos, mais relevância o Tribunal passou a ter em casos que, com grande frequência, versavam sobre interesses político-partidários.

29 Ver art. 103 da Constituição Federal de 1988.

> A razão política para a ampliação foi, em boa medida, fruto da experiência da subordinação do Procurador-Geral da República aos interesses políticos do Presidente da República. Todas as vezes que partidos políticos ou autoridades procuravam o Procurador com alguma denúncia de inconstitucionalidade e este se recusava a encaminhar a denúncia ao Supremo Tribunal Federal, aumentava o sentimento de consternação e impotência destes segmentos (CARVALHO NETO, 2007, p. 323).

Em um artigo publicado 20 anos após a promulgação da Constituição Federal de 1988, Vieira (2008) explicita o impacto político[30] da mudança e faz uma avaliação que, do ponto de vista cronológico, nos ajuda a entender como o Supremo foi se tornando uma instituição política e, como tal, dentro do recorte desta pesquisa, interessado em ocupar a agenda midiática e pública.

> A politização desta esfera de jurisdição do Tribunal foi expandida em relação ao período constitucional anterior, na medida em que a legitimidade para a proposição de ações diretas foi conferida a novos atores políticos e sociais, conforme disposto pelo artigo 103 da Constituição Federal, superando a fase em que as chaves de acesso ao controle direto de constitucionalidade pelo Supremo só eram conferidas ao Procurador Geral da República. Essa abertura do Supremo a outros atores políticos tem transformado o Tribunal, em muitas circunstâncias, como um tribunal de pequenas causas políticas. Desconheço outro supremo no mundo que faça plantão judiciário para solucionar quizilas, que os parlamentares não são capazes de responder por si mesmos (VIEIRA, 2008, p. 449).

Outro ponto da Constituição que reforça esse poder é o STF ser foro competente, o que significa que é o responsável a julgar criminalmente[31] autoridades. Vieira (2008) acrescenta a tarefa de

---

30 A avaliação sobre o impacto político da medida é corroborada por Arantes (1997, p. 105-106): "A ampliação do número de agentes legitimados a fazer o uso da Ação Direta é uma mudança significativa em nosso sistema de controle constitucional, ao alcance dos atores políticos diversos, não só órgãos e Poderes de Estado, mas também forças políticas representativas, como os partidos e organizações da sociedade civil, de tipo sindical e de classe".

31 A competência em questão refere-se ao julgamento de ações penais, crime de responsabilidade, *habeas corpus*, mandado de segurança e *habeas data*, em determinadas circunstâncias e envolvendo autoridades específicas, tal qual delineado no art. 102, inciso I, alíneas b, c, d e i da CF/88. Vale ressaltar que esses julgamentos não são só criminais.

apreciar atos secundários do Congresso e do Executivo, por vezes assuntos a serem resolvidos internamente nos respectivos poderes.

> A Constituição de 1988 conferiu também ao Supremo a espinhosa missão de foro especializado. Em primeiro lugar, cumpre-lhe julgar criminalmente altas autoridades. Em consequência da excêntrica taxa de criminalidade no escalão superior de nossa República, o Supremo passou a agir como juízo de primeira instância, como vimos no caso da recém aceitação da denúncia contra os mensaleiros. Só para ter uma dimensão do problema, há mais de 250 denúncias contra parlamentares aguardando manifestação do Supremo. O Tribunal não está equipado para analisar pormenorizadamente fatos e, mesmo que ampliasse sua capacidade institucional para fazê-lo, seu escasso tempo seria consumido em intermináveis instruções criminais, desviando-o de suas responsabilidades mais propriamente constitucionais (VIEIRA, 2008, p. 448).

Vale acrescentar, em arremate, a avaliação sobre o STF e seu acumulo relativo às atribuições do foro especial por prerrogativa de função, da apreciação sobre atos do Executivo e do Legislativo e como Tribunal de apelação em última instância. A composição transformou o Supremo em "[...] um órgão que passou, pouco a pouco, a agir declaradamente como uma das mais importantes instâncias políticas da nação" (VIEIRA, 2008, p. 447).

Com relação ao Legislativo, mesmo a Constituição não prevendo a vinculação dos legisladores às decisões de inconstitucionalidade, possibilitando que se faça uma lei com o mesmo teor, a palavra final será do STF, "[...] que solucionará a controvérsia"[32]

---

32 Sobre a questão da "palavra final" do STF em relação ao Legislativo, vale destacar os pontos levantados por Continentino (2006, p. 161): "Em consequência, dá-se o fechamento da discussão e da definição pública em relação às questões fundamentais afetas à sociedade, porque o Supremo fixa a 'única' interpretação extraível a partir do texto constitucional em caráter definitivo, e somente ele poderá alterá-la. Numa questão em que se controvertessem direitos fundamentais, a exemplo do aborto, cuja permissão ou proibição da prática encontra respaldo em cláusulas constitucionais pétreas, a declaração de inconstitucionalidade da lei retiraria a liberdade de conformação do legislador seja para proibir, seja para liberar a prática do aborto. É justamente nesses assuntos que as disposições constitucionais comportam as mais diversas leituras, sem poder falar-se em violação à Constituição. Logo, a prevalência da decisão do Supremo Tribunal Federal tolhe a flexibilidade legislativa de dispor sobre os aspectos da vida conforme a mudança do tempo e a mudança do sentimento da comunidade demandarem".

(CONTINENTINO, 2006, p. 160). Contudo, o Legislativo pode reverter a interpretação dada pelo Supremo aprovando normas que disciplinem de forma diferente matérias que não são protegidas por cláusulas pétreas.

Se a Constituição já deu ao STF exacerbados poderes, os anos seguintes são marcados pela implementação de diversos dispositivos que resultam em uma maior atuação do Tribunal na esfera política. Para além do desenho original da Constituição Federal de 1988, Arguelhes e Ribeiro (2016) elencam algumas explicações sobre os superpoderes do STF que versariam sobre a transformação da jurisprudência sobre o mandado de injunção e a utilização das arguições de descumprimento de preceito fundamental, como forma de criar parâmetros quase legislativos a partir de princípios constitucionais gerais. O ponto levantado é: "[...] quando muda a interpretação que o STF dá aos seus próprios poderes — às vezes em direções restritivas, mas, cada vez mais, em deliberada expansão —, pode mudar também o espaço que ocupa na política brasileira" (ARGUELHES; RIBEIRO, 2016, p. 435).

Em muitos pontos aqui, tratamos dos diversos aspectos de incremento do poder político do Supremo. Contudo, é importante ressaltar o foco na relação com o Executivo e o Legislativo. Aqui criamos uma linha a dar base ao argumento do livro sobre a necessidade de o STF se colocar na agenda midiática e pública. Se ao longo do primeiro capítulo detalhamos o porquê de a política no século XXI ter saído dos salões para ocupar os meios de comunicação — ser uma política mediada —, ao longo deste segundo capítulo mostramos a base legal pela qual o Supremo vai se afirmando politicamente em relação aos outros poderes.

Pelo exposto na literatura — seja pelo texto original da Carta de 1988, seja pelas revisões constitucionais advindas de Emendas que aumentaram ainda mais o poder do Supremo, seja pela interpretação do próprio Tribunal sobre as mutações constitucionais que lhes acresceram novas faculdades —, os anos seguintes a 1988 traçam essa trajetória, que não é estanque, rumo à "supremocracia", como coloca Vieira (2008). Com argumentos diversos, esse caminho é apontado por Arantes (1997), Continentino (2006), Carvalho Neto (2007), Veríssimo (2008), Arguelhes e Ribeiro (2016), entre outros.

Diante de uma reconhecida produção acadêmica que assente esse trajeto, é importante destacarmos alguns pontos dessa "jornada" de ganho de poder pelo Tribunal. Isso nos ajudará a entender, no capítulo de análise, tanto o investimento feito pelo STF junto à comunicação quanto o interesse que passa a despertar na cobertura. Por ora, voltamos às questões legais e institucionais.

Nesse ponto é importante pensar que a nova configuração dada ao Supremo também acarretou em complicações. Se por um lado houve uma ampliação da autonomia institucional do STF, Sadek e Arantes (1994) argumentam que a Constituição complicou os problemas institucionais do Judiciário ao criar um modelo singular de separação dos poderes e consagrar o presidencialismo. O argumento levantado é de que houve um fortalecimento do Legislativo, em especial pela ampliação de poderes, controle e fiscalização. Na mesma toada, com a possibilidade de editar medidas provisórias, o Executivo passou a legislar. Essa conformação aumentou a responsabilidade do Judiciário numa espécie de mediação política, considerando ainda que ao Judiciário cabia o controle constitucional dos atos legislativos e de governo.

Esse argumento ajuda a explicar a crise institucional no governo Collor, que, conforme Arantes (1997), abusou das medidas provisórias para instituir suas políticas públicas, em especial aquelas voltadas para a estabilidade econômica.

> A rigidez da separação dos Poderes do sistema presidencialista potencializa a necessidade de um árbitro nos conflitos frequentes entre Executivo e Legislativo e no controle constitucional dos atos destes dois Poderes. Se, por um lado, o STF adquire eminência mais pronunciada neste sistema político, por ser o agente mais qualificado para arbitrar tais conflitos e para salvaguardar a Constituição, por outro ele não está sozinho nesta tarefa. Juntam-se a ele todos os juízes e tribunais do país, pelo modo difuso-incidental de controle constitucional das leis e demais atos normativos, sem que exista qualquer mecanismo que vincule decisões das instâncias inferiores às dos órgãos judiciais de instância superior (ARANTES, 1997, p. 198).

Para Arantes (1997, p. 199), o STF "parece estar inovando" ao alterar sua tradição de guardião dos direitos individuais contra atos do Poder Público quando passa a "[...] assumir cada vez mais sua condição de Poder político interessado na consecução dos objetivos governamentais".

Aqui se volta ao ponto relativo ao controle de constitucionalidade como item importante no entendimento desse jogo político. Aliás, vale ressaltar como esse é um ponto a ser considerado historicamente, sendo um instrumento utilizado desde o Império. Contudo, aqui estendemos o nosso recorte que vai de 1988 a 2004, colocando elementos que chegam a 2013. O quadro a seguir nos ajuda a ter uma dimensão da importância desse recurso, organizando cronologicamente as mudanças no controle de constitucionalidade e de alguns julgamentos importantes do ponto de vista político e social, em um recorte que vai da Constituição Federal de 1988 até a Ação Penal nº 470, o chamado *Mensalão* (Quadro 1).

Arantes (1997) adverte ser fundamental que esse sistema híbrido de controle de constitucionalidade não se constitua em um fator de instabilidade. Ocorre que o resultado no processo político brasileiro foi exatamente o oposto. Segundo o autor, ao analisar a crise no governo Collor, esse sistema contribuiu "[...] decisivamente para o agravamento da instabilidade política e econômica do país" (ARANTES, 1997, p. 204). O Judiciário teria passado a representar um "[...] recurso poderoso de veto às decisões majoritárias tomadas na esfera política" (ARANTES, 1997, p. 206).

O processo em torno do *impeachment* de Collor descortinou um STF interessado em dialogar com a opinião pública por meio dos veículos de comunicação. A revista *Veja*, por exemplo, antecipou aspectos do julgamento "[...] que só poderiam ter sido dados por quem estivesse 'por dentro'" e jornais como *O Estado de S. Paulo* analisaram as correntes do Supremo como se fosse uma câmara (FERREIRA FILHO, 1994, p. 16).

Vê-se pela citação de Ferreira Filho (1994), no plano político, um pico de cobertura que a análise da pesquisa aponta através das entrevistas. É o que podemos chamar de *turning-point* zero,

Quadro 1 — Controle de Constitucionalidade no Brasil

1988	Promulgação da 6ª **Constituição Republicana do Brasil.** Modelo misto e amplo de Controle de Constitucionalidade. No âmbito do Controle Difuso de Constitucionalidade, houve a ampliação dos instrumentos de defesa de direitos, liberdades e prerrogativas constitucionalmente asseguradas através do: a) **Mandado de Segurança Coletivo** (Art. 5º, LXX). b) **Habeas Data** (Art. 5º, LXXII). c) **Mandado de Injunção.** Instrumento do controle concreto das omissões inconstitucionais (Art. 5º, LXXI). Ainda no que se refere ao Controle Difuso de Constitucionalidade, é importante destacar a manutenção da **Fórmula do Senado** (Art. 52, X) e da **Reserva de competência da maioria absoluta dos membros do tribunal para declaração de inconstitucionalidade** (Art. 97). No âmbito do Controle Concentrado de Constitucionalidade, destaca-se: a) **Ampliação do rol de agentes legitimados a propor a Ação Direta de Inconstitucionalidade** (Art. 103). b) Criação da Ação Direta de Inconstitucionalidade por Omissão (Art. 103, § 2º). c) Criação da Arguição de Descumprimento de Preceito Fundamental/ADPF, que, todavia, permaneceu sem regulamentação própria até 1999 (Art. 102, § único). d) Manutenção da representação de inconstitucionalidade para fins de intervenção (Art. 36, III).
1993	Emenda Constitucional n.º 3. Inovação no Controle Concentrado de Constitucionalidade com: a) Criação da **Ação Declaratória de Constitucionalidade**, através da qual, mediante provocação do Presidente da República, da Mesa do Senado Federal, da Mesa da Câmara dos Deputados ou do Procurador-Geral da República, o STF pode declarar a constitucionalidade de lei ou ato normativo federal, tendo sua decisão, nesses casos, **eficácia contra todos e efeito vinculante**, relativamente aos demais órgãos do Poder Judiciário e ao Poder Executivo. (Nova redação dada ao Art. 102, I e inclusão do Art. 103, § 4º c/c inclusão do Art. 102, § 2º).
1999	**Promulgação das Leis 9.869 e 9.882**, que regulamentam a Ação Direta de Inconstitucionalidade, a Ação Declaratória de Constitucionalidade (Lei 9.869) e a Arguição de Descumprimento de Preceito Fundamental (Lei 9.882). Estabelecem: a) Definição de **eficácia contra todas e efeito vinculante** em relação aos órgãos do Poder Judiciário e à Administração Pública federal, estadual e municipal também para as decisões em sede de ADI e da ADPF (Art. 28, §único, Lei 9.869 e Art. 10, § 3º, da Lei 9.882). b) Possibilidade de o STF dar à Lei ou Ato Normativo uma **interpretação conforme a Constituição** e de **declaração parcial de inconstitucionalidade sem redução de texto** da lei ou ato normativo impugnado (Art. 28, § único, Lei 9.869). c) Dá poderes ao STF para **modular os efeitos do Controle Concentrado de Constitucionalidade** tendo em vista razões de segurança jurídica ou de excepcional interesse social, permitindo ao Supremo definir que sua decisão só tenha eficácia a partir de seu trânsito em julgado ou de outro momento que venha a ser por ele fixado (Art. 27, Lei 9.869 e Art. 11, Lei 9.882).

Quadro 1 — Controle de Constitucionalidade no Brasil

2001	**Emenda Constitucional nº 35.** Ampliação dos poderes do STF para processar e julgar Deputados e Senadores. Fim da necessidade de licença prévia da casa respectiva para que o Supremo possa processar e julgar deputados e senadores.
2004	**Emenda Constitucional nº 45.** Reforma do Poder Judiciário.
2006	Julgamento da Reclamação Constitucional nº 4335/AC, na qual foi suscitado pelos ministros da Corte a possibilidade de mutação constitucional da "Fórmula do Senado" (Art. 52, X, CF/88).
2010	Promulgação da Lei da Ficha Limpa (Lei Complementar nº 135/2010), que estabeleceu casos de inelegibilidade, desencadeando discussões sobre a aplicabilidade da norma nas eleições daquele ano, o que ensejou a **ADC 29, 30 e ADI 4578 e o RE 631102**.
2011	Reconhecimento da constitucionalidade da política de cotas raciais praticadas pela UNB na **ADPF nº 186**. Definição da natureza incondicionada da ação penal em caso de crime de lesão corporal de qualquer espécie, proposta com base na Lei Maria da Penha (Lei nº 11.340/2006) na **ADI nº 4424**.
2012/2013	Julgamento da Ação Penal nº 470 e seus embargos infringentes, o chamado *Mensalão*.

Fonte: Elaboração própria com consultoria de Fernando Castelo Branco.

um ponto de virada na cobertura da Justiça em relação ao qual se seguem três outros (ALBUQUERQUE, 2017): CPI do Judiciário (1999), Reforma do Judiciário (2004), abordando alguns elementos que servem de prelúdio ao *Mensalão* (2012/13). Por isso, analisamos a gênese do expurgo atual, o panorama que compõe a transição "Da Lei aos Desejos".

Ainda que aqui nos detenhamos à construção do poder político do Supremo nos planos institucional e político, é interessante ir juntando os pontos de argumentação. Vale ressaltar que, no ano seguinte ao caso Collor, o Tribunal ganhou também o poder institucional do controle da constitucionalidade[33] por meio da Emenda

33 Sobre controle de constitucionalidade difuso, ver Arantes (1997, p. 32-33): "[...] o modelo difuso ocorre quando a natureza do pleito diz respeito à satisfação de uma demanda qualquer, não especificamente sobre a constitucionalidade da lei, mas em cujo processo esta pode ser questionada por uma das partes e observada pela autoridade judicial. Pressupõe, portanto, a faculdade de todo juiz ou tribunal, na aplicação da lei ao caso concreto, de examinar os seus fundamentos constitucionais [...]. Porém, o efeito da decisão judicial no sistema difuso restringe-se apenas às partes em litígio no

Constitucional nº 3/93, que prevê a ação direta de constitucionalidade para declarar constitucional lei ou ato normativo federal (FERREIRA FILHO, 1994). Essa emenda inaugura uma série de alterações[34] na Constituição que dão poder ao STF para tratar de questões não previstas anteriormente.

Se antes a redação da CF previa que o STF era responsável por processar e julgar originalmente "a ação direta de inconstitucionalidade de lei ou ato normativo federal ou estadual", a emenda acrescentou o trecho "e a ação declaratória de constitucionalidade de lei ou ato normativo federal" e, ainda, o parágrafo 2º:

> § 2º As decisões definitivas de mérito, proferidas pelo Supremo Tribunal Federal, nas ações declaratórias de constitucionalidade de lei ou ato normativo federal, produzirão eficácia contra todos e efeito vinculante, relativamente aos demais órgãos do Poder Judiciário e ao Poder Executivo (SENADO, *on-line*).[35]

Além da Emenda Constitucional nº 3/93, duas outras leis foram aprovadas na década de 1990, as quais reforçam o papel político do Supremo, as Leis nº 9.868/99 e 9.882/99 (VIEIRA, 2008). A primeira regulamenta o processo de julgamento das Ações Diretas de Inconstitucionalidade (ADIN) e Ação Declaratória de Constitucionalidade (ADC). Ou seja, se a Constituição de 1988 aumentou o número de legitimados a entrarem com uma ADIN, agora há também o acréscimo de um novo tipo de ação pela qual o Supremo pode ser acionado. Mais uma vez, amplia-se o alcance do Tribunal.

---

caso em exame, não podendo ser generalizado para outros casos, mesmo que de idêntica natureza. Uma primeira consequência dessa atomização da apreciação judicial difusa é que, pelo menos potencialmente, podem ocorrer tantas diferentes decisões quanto for o número de órgãos judiciais acionados. Já o controle concentrado-direto ocorre quando o pleito em que a própria constitucionalidade da lei é que está em julgamento, ao passo que o concentrado é a forma em que a atribuição de julgá-la é monopólio de um tribunal especial geralmente denominado Corte Constitucional".

34 Ver detalhes em Ferreira Filho (1994), com destaque para o seguinte trecho: "No caso do controle de constitucionalidade, a ação direta de inconstitucionalidade, que se generaliza, e a ação direta de constitucionalidade fazem dele um legislador negativo, enquanto a ação de inconstitucionalidade por omissão e o mandado de injunção o impelem a tomar-se um legislador ativo" (FERREIRA FILHO, 1994, p. 11).

35 Disponível em: <https://www.senado.leg.br/atividade/const/con1988/con1988_04.10.2017/art_102_.asp>. Acesso em: 16 jan. 2019.

A segunda lei, a de nº 9.882/99, determina que o descumprimento de preceito fundamental decorrente da Constituição será apreciado pelo STF (RODRIGUES, 2001). Em termos substantivos, as duas leis permitem a manifestação da sociedade civil em caso de matérias relevantes, instituto conhecido no meio jurídico como *amicus curiae*.

Em uma cronologia, é interessante perceber, pensando no contexto político dos anos 1990, os marcadores temporais em que ambas as mudanças legais ocorrem. Vejamos: a Emenda Constitucional nº 3/1993, intrinsecamente ligada às medidas provisórias do governo Collor, como aponta Arantes (1997) e, em 1999, as Leis nº 9.882 e nº 9.882, que acabam por instituir a figura do *amicus curiae*. Saliente-se que o final da década de 1990 é marcado por demandas de *accountability*, transparência e prestação de contas no tocante ao Judiciário. Vale lembrar que, em 1999, ocorre a chamada CPI do Judiciário, considerada como um evento prévio (PAIVA, 2012) do momento de organização das pautas que ganharam corpo com a Reforma do Judiciário, em 2004. Os "amigos da Corte" passam a atuar processualmente em uma época na qual o Supremo começa a se abrir não só aos jornalistas, mas também a uma demanda mais direta da sociedade. Vale ressaltar, como pontuamos mais adiante no livro, que tal "proximidade" passe por um filtro da comunicação do próprio Supremo. Nunca é demais lembrar que projetos como o da TV Justiça ou da Rádio Justiça, respectivamente de 2002 e 2004, são mídias cuja criação e elaboração advêm do aprendizado da *expertise* de se comunicar da própria "fonte", no caso, o STF.

Outra mudança importante foi a aprovação da Emenda Constitucional nº 35/2001[36]. Ela teve repercussão na vida dos parlamen-

36 Com a Emenda Constitucional (EC) nº 35/2001, o MP passou a poder propor a ação penal perante o STF sem precisar de prévia autorização da Câmara e do Senado. Por sua vez, o STF, entendendo que estão presentes os requisitos de admissibilidade da ação penal, faz a instauração do processo, que poderá ser sustado pela Câmara ou Senado, conforme redação atual do artigo 53 da CF/88: § 3º Recebida a denúncia contra o Senador ou Deputado, por crime ocorrido após a diplomação, o Supremo Tribunal Federal dará ciência à respectiva Casa (Câmara ou Senado), que, por iniciativa de partido político nela representado e pelo voto da maioria de seus membros, poderá, até

tares, visto que trata das imunidades destes. Com a Emenda Constitucional nº 35/2001, o Ministério Público passou a poder propor a ação penal perante o STF sem precisar de prévia autorização das respectivas Casas. Esse foi um flanco aberto para que a atuação do Supremo prescindisse de certo filtro do Legislativo.

Além do seu aumento de poder em relação ao Executivo e ao Legislativo, vale ressaltar a amplitude da demanda que passou a bater à porta do Judiciário por conta da nova gama de direitos, como os coletivos e difusos. Sem a Constituição Federal de 1988 assegurar direitos dessa natureza, não seria possível a existência de leis infraconstitucionais como o Código de Defesa do Consumidor[37]. Mais questões batiam à porta do Judiciário como um todo. Mesmo que por caminhos nada céleres, parte dessa demanda começava a chegar nos Tribunais Superiores e no próprio Supremo. Fato é que, nos anos 1990, o aumento das demandas oriundas da Constituição mostra uma exigência em relação ao Judiciário, tanto o que está na base quanto aquele que se fixa na cúpula. Em relação ao último, vale ver os números: entre 1988 e 2004, as distribuições de processos para o Supremo mais que quadruplicaram, o que representou um aumento médio de 10,5% ao ano (VERISSIMO, 2008).

Não sem problemas — vale relembrar o argumento de Sadek e Arantes (1994) sobre as complicações ao criar um modelo singular de separação dos poderes —, o Supremo pós-Constituição Federal de 1988 tem amparo institucional para tomar decisões com impacto nos demais poderes. Para se ter ideia das mudanças, vejamos as atribuições que foram acrescidas às competências originais do STF, conforme demonstra o Quadro 2.

---

a decisão final, sustar o andamento da ação); De maneira objetiva, com a EC nº 35, a Casa perdeu o poder de autorizar ou não a abertura do processo, mas tem o poder de sustar o andamento da ação. De forma reflexa, essa mudança deu uma nova arma ao STF, porque quando o Tribunal analisa sem prévio controle político a admissibilidade de uma ação contra um agente político, ele toma, sobretudo, uma decisão política, tendo em vista a repercussão desses casos na mídia, a pressão social de justificar a decisão tomada de recebimento ou de rejeição da denúncia. Isso dá um protagonismo ao STF no cenário político.

37 O Código de Defesa do Consumidor foi formalmente promulgado na forma da Lei nº 8.078, de 11 de setembro de 1990.

Quadro 2 — Atribuições implementadas pós-Constituição de 1988

Competências	Dispositivo
Ligadas ao controle concentrado de constitucionalidade	(i) julgamento da ação direta de inconstitucionalidade de lei ou ato normativo federal ou estadual; (ii) julgamento da ação declaratória de constitucionalidade; (iii) julgamento da ação de descumprimento de preceito fundamental, (iv) julgamento de pedidos de medida cautelar ligados às ações do controle concentrado, (v) julgamento do mandado de injunção; e (vi) julgamento da reclamação apresentada para de sua competência e garantia da autoridade de suas decisões.
Não ligadas ao controle de constitucionalidade	(i) julgamento de ações penais relativas a infrações penais comuns e de crimes de responsabilidade em que os acusados são autoridades públicas de lato escalão; (ii) julgamento de *habeas corpus*, sendo paciente qualquer das autoridades com foro privilegiado no próprio STF, ou quando a autoridade coatora for tribunal superior ou pessoa cujos atos estejam sujeitos à jurisdição do STF; (iii) julgamento de mandados de segurança contra atos do Presidente da República, das Mesas da Câmara dos Deputados e do Senado Federal, do Tribunal de Contas da União, do Procurador-Geral da República e do próprio Supremo Tribunal Federal; (iv) julgamento de *habeas data* contra atos das mesmas autoridades; (v) julgamento das revisões criminais de seus julgados; (vi) julgamento de litígio entre Estado estrangeiro ou organismo internacional e a União, o Estado, o Distrito Federal ou o Território; (vii) julgamento de litígios entre a União e os Estados, a União e o Distrito Federal, ou entre uns e outros, inclusive as respectivas entidades da administração indireta; (viii) julgamento dos pedidos de extradição; (ix) julgamento de ação em que todos os membros da magistratura sejam direta ou indiretamente interessados; (x) julgamento de conflitos de competência entre o Superior Tribunal de Justiça e quaisquer tribunais, entre Tribunais Superiores, ou entre estes e qualquer outro tribunal; (xi) julgamento de ações em face do Conselho Nacional de Justiça ou do Conselho Nacional do Ministério Público; (xii) julgamento de pedidos de suspensão de segurança, liminar ou tutela antecipada; (xiii) julgamento dos pedidos de intervenção federal.
Recursal ordinária	(i) em *habeas corpus*, mandado de segurança, *habeas-data* ou mandado de injunção decididos em única instância pelos Tribunais Superiores, se denegatória a decisão; e (ii) em crimes políticos.

Fonte: Elaboração própria com informações de Veríssimo (2008).

Reafirmando o exposto até aqui, esse movimento expandiu a esfera de jurisdição do Tribunal em relação ao período constitucional anterior (VIEIRA, 2008). A consequência disso é que o STF se transformou, em algumas circunstâncias, em "[...] uma câmara de revisão de decisões majoritárias, a partir da reclamação daqueles que foram derrotados na arena representativa" (VIEIRA, 2008, p. 449).

Um outro ponto que merece destaque nesse arrazoado sobre o incremento político do Supremo diz respeito à Emenda Constitucional nº 45, de 2004, que criou a chamada Reforma do Judiciário. Resultado de um longo processo legislativo e político, a Reforma passou 12 anos entre a Câmara e o Senado, ganhando conformações diversas nesse período. Basta lembrar que o Projeto de Emenda Constitucional (PEC) nº 96, de 1992, pretendia estipular mandatos e a alteração na forma de escolha dos ministros do STJ e do STF. A proposta que estava lá no início, em 1992, sequer chegou ao fim do processo como algo viável. Montado no governo de Fernando Henrique Cardoso (1995-2002), o projeto só conseguiu estabelecer pontos de consenso mínimos para ser aprovado no governo de Luiz Inácio Lula da Silva (2002-2009). Como afirma Paiva (2012), foi uma Reforma acordada entre Executivo, Legislativo e Judiciário, em relação à qual este último conseguiu, pela atuação da cúpula (leia-se STF), dar-lhe um sentido vertical e centralizado.

> Pode-se dizer que o modelo de uma Reforma verticalizada, em que o poder se concentra nas cúpulas do Judiciário atinge o Legislativo, visto que é o Supremo o foro destinado às ações contra deputados federais e senadores. Com prós e contras, é inegável que este modelo centralizado facilita não apenas certa previsibilidade das decisões do Judiciário, como também o diálogo entre as instâncias superiores das instituições (PAIVA, 2012, p. 124).

Há fatos significativos nesse desenho de uma Reforma centralizada. Um deles diz respeito à figura de Nelson Jobim, que se tornou presidente do Supremo exatamente no momento crucial de aprovação da Emenda, em 2004. Seu antecessor, Maurício Correia, era contra o projeto, o que não favorecia o entendimento com o Executivo, responsável por priorizar a Reforma, e nem com o Legislativo.

Segundo Paiva (2011), ao contrário de Correia, Jobim não só era favorável à Reforma como era intimamente ligado ao projeto, tendo trabalhado em seu escopo desde o início dos anos 1990, precisamente em 1993, logo quando a PEC nº 96/92 entrou em tramitação e Jobim, então deputado federal pelo PMDB do Rio Grande do Sul, foi relator da matéria, já discutindo pontos como a súmula de efeito vinculante e a criação de órgão de controle do Poder Judiciário. Anos mais tarde, como ministro da Justiça do governo Fernando Henrique Cardoso, Jobim, agora pelo Executivo, tentou dar celeridade ao projeto junto ao Legislativo. Quando, então, em 2004, ele assumiu a Presidência do Supremo, a Reforma lhe era um tema muito caro e ele teve um papel importante para garantir que se chegasse a um acordo sobre o projeto.

Vale ressaltar, ainda, que o Supremo fica de fora do que à época era chamado "controle externo" do Judiciário. Para além do fato de o Conselho Nacional de Justiça (CNJ) ter uma composição majoritariamente de integrantes do Sistema de Justiça, o que lhe deu um caráter de grande insulamento, uma Ação Direta de Inconstitucionalidade impetrada pela Associação de Magistrados do Brasil (AMB[38]) junto ao Supremo acabou por permitir que o Tribunal definisse que o CNJ teria um papel de controle interno, portanto o próprio Supremo não estaria submetido ao Conselho.

Essa configuração centralizada, em combinação com a súmula vinculante, por exemplo, deu um grande poder incidental ao Supremo. Segundo o próprio Tribunal, a natureza jurídica da súmula é de norma de decisão, o que a diferencia dos precedentes e súmulas comuns. Sua natureza normativa específica emprestada à súmula vinculante coloca o STF numa posição de superioridade frente aos demais Poderes, uma vez que, quanto à aplicabilidade e ao alcance, ela se diferencia das demais normas jurídicas.

---

38 "Foi a partir da decisão do STF sobre a Ação Direta de Inconstitucionalidade (ADIN) nº 3.367-1, impetrada pela AMB, que foi consolidado o entendimento de que o CNJ é constitucional e integra o Poder Judiciário, sendo assim uma instância de controle 'interno'. Sobre a organização do CNJ vale esclarecer que são ao todo 15 membros com mandato de dois anos, admitida uma recondução. Segue a seguinte composição: o Presidente do STF (redação dada pela EC nº 61, de 2009); um Ministro do STJ, que será o Corregedor Nacional de Justiça; um Ministro do Tribunal Superior do Trabalho; um Desembargador de TJ; um Juiz Estadual; um Juiz do TRF; um Juiz Federal; um Juiz de TRT; um Juiz do trabalho; um Membro do MPU; um Membro do Ministério Público Estadual; dois advogados e dois cidadãos de notável saber jurídico e reputação ilibada. Desta forma, dos 15 membros do CNJ, 9 são magistrados e apenas 2 são representantes da sociedade civil que não pertencem necessariamente ao Sistema de Justiça" (PAIVA, 2012, p. 63).

Na prática, é possível reclamar[39] direto ao Supremo sem precisar percorrer todas as instâncias judiciais sempre que algum ente estatal, inclusive chefes do Executivo, sejam municipais e estaduais, descumprir uma súmula vinculante do Supremo. Por uma via transversa, o STF acaba tendo em mãos uma potente ferramenta de interferência no Executivo e no Legislativo — destaque-se que é até mesmo uma ferramenta de uniformização de entendimento para além da estrutura do próprio Judiciário. Esse foi mais um passo no fortalecimento do Tribunal, mas nem de longe foi o último se considerarmos o caminho percorrido ao longo das próximas décadas. Uma "supremocracia" (VIEIRA, 2008) que acabou levando a uma "ministocracia" (ARGULHES e RIBEIRO, 2018).

Um detalhe importantíssimo ao tema do livro. A imprensa teve papel fundamental para a aprovação da Reforma. Temas relativos ao que então se chamava de "controle externo" do Judiciário foram pautados de forma enfática no ano de 2004. Uma verdadeira confluência de fatores como o debate fomentado pelo Banco Mundial desde os anos 1990, mais a estratégia da Secretaria Especial da Reforma do Judiciário e o próprio interesse da imprensa sobre o tema criam um ambiente propício à articulação legislativa para a aprovação da Reforma do Judiciário (ALBUQUERQUE, 2015b).

Logo após a Reforma do Judiciário, em 2005, nessa espécie de escalada de poder, um episódio que merece referência é o do processo contra José Dirceu (PT-SP) sobre quebra de decoro parlamentar que foi movido pelo Partido Trabalhista Brasileiro (PTB) após as denúncias do então deputado Roberto Jefferson (PTB-RJ). O caso iria desaguar no Supremo e se transformar em uma importante questão jurídica. Ironias da vida, o mesmo Jefferson que mo-

---

39 O mecanismo jurídico que dá garantia e aplicabilidade à Súmula Vinculante é a Reclamação, prevista no art. 103-A, § 3º: "Do ato administrativo ou decisão judicial que contrariar a súmula aplicável ou que indevidamente a aplicar, caberá reclamação ao Supremo Tribunal Federal que, julgando-a procedente, anulará o ato administrativo ou cassará a decisão judicial reclamada, e determinará que outra seja proferida com ou sem a aplicação da súmula, conforme o caso".

tivou uma ação que acabaria por aumentar o poder do STF, anos depois, iria atacar o Tribunal de maneira, digamos, inimaginável[40].

A política brasileira realmente não é para amadores e vale nota o fato de que o mesmo Roberto Jefferson que, em 2022, recebeu com tiros de fuzil e granada os agentes da Polícia Federal que foram detê-lo após uma série de ataques ao Supremo, em especial aos ministros Alexandre de Moraes e Cármen Lúcia, seja aquele que tentou outra "explosão" em 2005, mas naquela ocasião o alvo era o Partido dos Trabalhadores (PT). Como efeito colateral, o Supremo que hoje é atacado por Jefferson acabou angariando mais poder. Mas, o fato é que com as denúncias de 2005, nascia ali o "Mensalão", como ficou conhecida a Ação Penal 470. Vale lembrar a épica cena em que Jefferson, durante transmissão em cadeia nacional, na TV Senado, disse frases como essa, se referindo a Dirceu: "*Tenho medo de vossa excelência, porque vossa excelência desperta em mim os instintos mais primitivos*".

Neste ponto é importante olharmos com algum detalhamento sobre a querela em torno de Dirceu. Em 2005, Roberto Jefferson, era deputado pelo PTB do Rio de Janeiro e estava no centro das denúncias originárias do Mensalão, o que acabou levando a cassação do seu mandato em setembro daquele ano. Em junho, pouco antes de perder o cargo, Jefferson afirmou que o ex-ministro José Dirceu era "*o chefe do maior esquema de corrupção que eu vi nos últimos anos*". Era o início do caso que, em seu amontoado processual, iria a julgamento apenas em 2012, com os embargos tomando o ano de 2013. As decisões do Supremo relativas ao Mensalão, que mobilizou dois anos do Tribunal e da opinião pública, já são por si um ponto que merece atenção. Contudo, aqui, olhamos para o seu estágio inicial e as acusações a Dirceu.

Esse *revival* é importante porque ele é mais uma peça no aumento do poder político do STF. Vale retomar a explicação: após as denúncias de Jefferson, o PTB moveu um processo contra José Dirceu por quebra de decoro parlamentar. As denúncias que ori-

40 Ver detalhes em: https://diplomatique.org.br/o-surrealismo-fantastico-brasileiro-e-a--disputa-por-uma-ideia-de-justica/.

ginaram o Mensalão eram de que os deputados da base aliada do Partido dos Trabalhadores, PTB incluso na lista[41], recebiam uma "mesada" para votarem de acordo com o governo. Dirceu, ministro da Casa Civil na época, seria responsável pela compra de votos e também pelo suborno por meio de cargo de empresas públicas.

Diante desse quadro, o pedido do PTB esbarra em uma controvérsia jurídica: a conduta indecorosa atribuída a Dirceu teria ocorrido na época em que ele estava licenciado do seu cargo na Câmara dos Deputados, exercendo o cargo de ministro da Casa Civil do Governo Lula. O ponto defendido pela defesa de Dirceu era justo o de que, estando licenciado como Deputado, ele não poderia ter cometido quebra de decoro relativo a um cargo que ele não ocupava[42]. A questão chega ao Supremo e ao decidir sobre Dirceu, na verdade, o STF decide sobre o Legislativo.

No correr do imbróglio, o STF indeferiu o mandado de segurança que pedia a suspensão do processo e a retomada dos depoimentos de testemunhas de defesa no Conselho de Ética[43]. Essa liminar foi responsável pela manutenção da sessão de cassação do mandato de Dirceu como deputado. Contudo, ao longo da disputa, os ministros do STF[44] manifestaram opiniões bem divergentes sobre o caso. A controvérsia nas dissidências quanto à solução proposta por aqueles que concedem a liminar motivaram críticas na imprensa e em representantes do Legislativo que acusavam o STF de interferir nos demais poderes. Esse é mais um ponto que se liga ao nosso argumento de como o aumento do poder político do Supremo está atrelado ao seu agendamento.

---

41 Além do PT, faziam parte da base aliada: Partido Liberal (PL), Partido Progressista (PP), Partido do Movimento Democrático Brasileiro (PMDB) e o próprio Partido Trabalhista Brasileiro (PTB).

42 Ver detalhes em: https://www2.senado.leg.br/bdsf/bitstream/handle/id/392273/noticia.htm?sequence=1.

43 Uma liminar foi dada pedindo a retirada do relatório final do depoimento da testemunha de acusação Kátia Rabello, presidente do Banco Rural, e de todas as citações dela no parecer do relator do processo contra o deputado.

44 Na ocasião, os ministros Marco Aurélio, Eros Grau, Celso de Mello e Nelson Jobim sugerem a abertura da possibilidade ao acusado de reeditar o relatório, enquanto o ministro Cézar Peluso propõe a exclusão do depoimento de Kátia Rabello e todas as referências feitas a ele.

> Os processos dos deputados tramitavam na comissão de Ética e Decoro Parlamentar, de onde se emitiria um relatório a favor ou contra a cassação. O parecer seguiria para votação em plenário. O processo do ex-deputado não fluiu tão calmamente; foi várias vezes adiado e remanejado devido a manobras jurídicas e regimentais. Isso gerou uma enorme tensão, que podia ser percebida tanto pelas declarações dos ministros como dos parlamentares. 'Eu estou sentindo que é o início de uma interferência do Poder Judiciário no Poder Legislativo', falou o deputado Ricardo Izar, PTB/SP, presidente do Conselho de Ética. (JORNAL NACIONAL, 2005) 'É o acesso à Justiça que é assegurado constitucionalmente. De modo que eu penso que não há esta interferência indevida', disse o ministro Carlos Velloso, ministro do STF (JORNAL NACIONAL, 2005). Mas em trinta de novembro de dois mil e cinco, finalmente foi marcada a votação da sessão de cassação. Contudo, no mesmo dia, um pouco mais cedo, o Supremo decidiria se a votação iria mesmo ocorrer ou não, e sob quais termos (VIEIRA, 2013, p. 109 e 110).

O recorte feito por Vieira (2013) mostra como anos antes do julgamento do Mensalão, quando expressões como "embargos infringentes" ainda não haviam entrado na escalada dos telejornais, o Supremo ia aos poucos virando pauta e esse movimento estava atrelado ao aumento do seu poder político. O autor também faz uma boa anamnese da sessão de julgamento e dos votos. Vale recuperar a questão.

O fato é que neste ponto, para além do controle de constitucionalidade ou de emendas constitucionais regulares, vemos como o STF, ainda que provocado, passa a ter uma atuação que vai ao cerne do Legislativo. Além da decisão sobre este ou aquele assunto, passa a ser mais aparente junto à opinião pública as divergências dos ministros, a fundamentação dos votos... Um caminho que só se acentua com o tempo.

O processo paulatino de empoderamento do STF resultou em uma agenda de pesquisa extensa. A forma como o Judiciário interfere nos outros poderes utiliza muito o termo "judicialização da política", que é um termo um tanto controverso[45]. Aqui não nos

45 Trabalhos como a tese de doutorado de Paulo Joaquim da Silva Rodrigues (2022), "A judicialização da política no Brasil: a história, as definições e os usos do conceito", e a dissertação de mestrado de Jeferson Mariano Silva (2011), "A judicialização da po-

cabe problematizar o conceito, mas apontá-lo como parte do debate que se forma em relação à ampliação dos poderes do STF, em especial no tocante à sua participação nas questões políticas envolvendo Executivo e Legislativo. Aos poucos, o STF vai ganhando um maior espaço nas disputas políticas, e isso, inclusive, gera maior visibilidade.

A visibilidade do Judiciário: uma questão política

Um ponto importante que perpassa esse trajeto em relação ao aumento de poder político do Judiciário, em especial o STF, é a questão da visibilidade. MAIERON (2020) faz um importante levantamento das atas da Assembleia Constituinte e mostra como a disputa para que o Supremo não só permanecesse com seus poderes como os ampliasse, afastando a ideia de um Tribunal Constitucional, passava pela cobertura jornalística da época. Nelson Jobim (que, anos depois, precisamente em 1995, se tornaria ministro do STF indicado pelo ex-presidente Fernando Henrique Cardoso) e Francisco Rollemberg são exemplos de constituintes que saem em defesa do Tribunal. Nesse processo, vale destacar outro parlamentar, Nilson Gibson que, ao fazer coro ao apoio, chega a citar em seu pronunciamento um discurso proferido por um ministro do próprio Tribunal, Sydney Sanches.

Não faltam situações em que os ministros do STF apareçam ou sejam citados. Tudo documentado nas atas das sessões constituintes e com a devida visibilidade expressa na imprensa, em especial no *Jornal do Brasil* e no *Estado de S. Paulo*. Uma cobertura que retroalimentava o *lobby* em favor do Tribunal.

> Muito foi discutido até então, mas é em 19 de maio de 1987, na 67ª Sessão, que há uma real proposta relativa ao STF. Nesta, o constituinte Paes Landim (PFL) faz referência ao encontro com o Professor Josaphat Narubgi e a um texto extraído do Jornal baiano, "A Tarde". Segundo o recorte do jornal,

---

lítica no Brasil: a história, as definições e os usos do conceito", para citar apenas dois exemplos, questionam o uso da expressão/conceito "judicialização da política" da forma banal como costuma ser usada, fazendo importantes considerações sobre sua aplicação.

trata-se de "instituições seculares e universais", contendo afirmativas embasadas em fortes críticas à "tendência" de extinção do STF (MAIERON, 2020, p. 63).

Assim, vale ressaltar que as defesas ao STF reverberavam porque eram ditas publicamente, veiculadas na imprensa. Esse é um exemplo de estratégia política, no sentido primário de ação que busca um fim, que precisa da agenda midiática e pública como forma de se efetivar.

Ocorre que, se a mídia é o espaço por excelência da política no século XX, ao passo que o Supremo angaria poder político, ele também entra em um processo de desgaste (SADEK; ARANTES, 1994), com problemas institucionais dado o modelo singular de separação dos poderes.

> A extrema visibilidade dos problemas decorrentes da dimensão política do Judiciário, nos últimos anos, decorre fundamentalmente do fato do país viver momentos de ajuste econômico, político e social e de adaptação de toda a sua infraestrutura às exigências de inserção no mercado internacional, sob a égide de uma constituição excessivamente detalhista. Essa visibilidade é tanto maior quanto mais amplo for o número de decisões majoritárias definidas pelo Congresso ou pelo Executivo, que alterem o status quo. Assim, em um país com uma ampla agenda de reformas e que adote um modelo institucional que alarga o espaço político do Judiciário, como é o caso do Brasil, os problemas oriundos da dimensão política, são mais do que esperados, tornam-se inevitáveis (SADEK, 2004, p. 84-85).

Note-se que a citação transcrita acima, de Sadek (2004), é exatamente do ano em que se promulgava a Reforma do Judiciário, marco temporal que encerra a pesquisa. O trecho, aliás, é retirado de um número especial da *Revista do Instituto de Estudos Avançados,* da Universidade de São Paulo (USP). A citação retrata exatamente o momento em que o Supremo tinha recém-lançado a TV Justiça e estava, naquele ano de 2004, inclusive, colocando a Rádio Justiça no ar. Eram os anos 2000 em um processo de organização tanto da comunicação do Supremo, que amadurecia ampliando seu quadro funcional e criando produtos com o objetivo de ampliar seu alcance, como também da cobertura do Tribunal, que, ao longo da década, via chegar ao seu Comitê de Imprensa as primeiras televisões, alguns portais de notícias e veículos especializados.

A questão central é que, à medida que o Supremo angariava poder político, sua visibilidade aumentava, e como uma instituição política era preciso dar conta das exigências de um tempo. Aqui há um claro corte dado pelo processo de abertura democrática: não é em qualquer regime político que o debate midiático importa para as instituições, essa é marca das democracias. Não à toa, o Judiciário procura se afirmar institucionalmente na agenda midiática e pública, à medida que passa a atuar de maneira mais efetiva no processo político, em especial junto ao Executivo e ao Legislativo. Assim, diante de uma relação política que é mediada, coloca-se a necessidade de uma comunicação profissional para agir de forma compatível às demandas da conjuntura com o objetivo de se agendar tendo uma estratégia e uma direção.

Aqui vale ressaltar que esse não é um problema exclusivamente brasileiro. O primeiro capítulo deixa claro essa questão, mas é sempre bom lembrar o ponto levantado por Santos (2005), quando se refere aos tribunais como sistemas de informação e comunicação. Com o advento das novas tecnologias e uma comunicação mais massiva na sociedade, o Judiciário viu-se ante a necessidade de traduzir-se, chegar à "esfera pública", nos termos usados por Santos (2005). Era preciso aproximar-se da sociedade e do debate público como forma de legitimar-se nesse novo contexto social. Há diversos exemplos de órgãos europeus que passaram a fazer uso de tal estratégia[46]. Essa nova situação acarreta riscos e possibilidades, mas, sem dúvida, "[...] a visibilidade do direito e dos tribunais é uma das consequências do desenvolvimento da sociedade de informação" (SANTOS, 2005, p. 97). Mas o advento da sociedade da

46 Podemos enumerar algumas medidas criadas por órgãos do Judiciário europeu que buscam essa estratégia de aproximação com a sociedade. Santos (2005) cita, entre outros exemplos, a Recomendação n. 3, de 2001, editada pelo Comitê dos Ministros dos Estados-membro do Conselho da Europa, que propõe o uso de novas tecnologias nos serviços prestados aos cidadãos pelos tribunais ou outras instituições jurídicas. Em Portugal, criou-se o Instituto das Tecnologias de Informação na Justiça, e também, em 1998, um Plano de Informatização Judiciária.

informação não ocorre de forma isolada. O maior enfoque na comunicação se dá em paralelo às dificuldades inerentes à própria atuação do Judiciário, como sua incapacidade de dar conta da profusão das demandas.

> Este novo protagonismo judiciário traduz-se num confronto com a classe política e com outros órgãos de soberania, nomeadamente o Poder Executivo. Estamos perante uma judicialização dos conflitos políticos que não pode deixar de traduzir-se na politização dos conflitos judiciários. Para além da judicialização dos conflitos políticos, a notoriedade dos tribunais está relacionada à explosão de litigiosidade. [...] Uma outra face da visibilidade dos tribunais reside no despontar de novos tipos de criminalidade, com forte repercussão pública, como o crime econômico organizado, as associações criminosas, a corrupção etc. (SANTOS, 2005, p. 98).

Santos (2005, p. 99) acrescenta a essa teia o potencial de casos judiciais transformarem-se em drama, a criação de um teatro a partir do processo. Chama atenção para "[...] os perigos de uma mediatização[47] da Justiça para a legitimidade social e política", que coloca a questão da Justiça feita para atender à opinião pública. Assim, o caminho para a visibilidade do Judiciário é apresentado, incluindo os riscos que esse processo acarreta.

Como já dito, essa questão é explorada de forma detalhada ao longo do primeiro capítulo, mas sua retomada aqui tem o intuito de relembrar três pontos: 1 — que as questões advindas da visibilidade do Judiciário são próprias da modernidade. Relembrando Thompson (1995 e 1998), a política é mediada no século XX e, de acordo com o próprio Santos (2005), a visibilidade do Judiciário é relativa ao desenvolvimento da sociedade da informação; 2 — pelo que se infere do ponto anterior, embora nosso recorte se dê no contexto brasileiro, a problemática é contemporânea e tem um interesse geral; e 3 — o problema que embasa a visibilidade do Judiciário é um problema político. É dessa nova função que ele ocupa na sociedade,

47 Vale destacar que existe uma corrente de estudos na comunicação que se dedica a investigar os fenômenos decorrentes da midiatização, que, em linhas gerais, é um esforço para entender como a expansão e a transformação dos meios técnicos de comunicação, das mídias, provocam mudanças nas instâncias sociais, culturais, econômicas e políticas.

com configurações distintas em diversos países, que o Judiciário precisa responder às demandas com a devida *expertise* relativa à comunicação. Ao ocupar um papel político, é mais visto e precisa aprender a se mostrar. Esta é a questão central relembrada aqui.

Possibilidades de diálogo: estratégias na política e na comunicação

Ao pensarmos em um Judiciário "político", a literatura norte-americana mostra-se profícua em uma produção que observa o Judiciário longe de um legalismo estrito, percebendo suas preferências, proximidades ideológicas e considerando fatores diversos que influenciam as decisões e julgados para além da letra da lei. Os processos decisórios, no âmbito da Justiça, são vistos considerando interesses e pressões, não apenas externas. Leva-se em conta as regras formais e informais das instituições, aspectos relativos à aplicação do direito e aos próprios juízes passam a ser vistos como atores políticos.

Ao longo deste capítulo, expomos como o Judiciário brasileiro vai angariando poder. O *lobby* feito pelos próprios ministros do Supremo na Constituinte mostra uma noção muito clara dos ganhos a serem obtidos. Nesse caso, não estamos falando de um processo decisório dentro do Judiciário; o cenário da Constituinte se refere ao Legislativo, e ainda assim é nítida a conformação dos ministros do STF como grupo de pressão. Os interesses do Judiciário, especificamente do STF, podem ser vistos em primeiro plano no processo político. A questão é colocada, aqui, como forma de encetar, dentro do próprio processo decisório do Judiciário, o que há de político nas suas preferências e nos seus posicionamentos.

Nesse sentido, se pensarmos nos Estados Unidos dos anos 1920, o chamado realismo jurídico cumpriu uma importante função ao tirar o véu de uma ideia de aplicação pura do direito diante do legalismo jurídico. Novamente, volta-se ao argumento: a dimensão política aparece em destaque. Mas a "denúncia" feita pelos realistas de que o Judiciário não era isento carecia de comprovação mais substanciosa. Assim, uma das contribuições do behaviorismo judicial foi munir de produção científica, em especial de vastos estudos quantitativos, o argumento de que não há um purismo nas decisões judiciais, que elas não estão restritas às regras jurídicas. Preferências e valores dos juízes passaram a ser analisados como elementos que informavam a tomada de decisão. Assim, em muitos aspectos, o behaviorismo judicial foi visto como uma autonomia da Ciência Política frente ao Direito no que se refere à compreensão das decisões judiciais.

> A atuação do Judiciário e as decisões judiciais não podem mais ser explicadas com base nas regras e normas jurídicas, ou com base na ideia do legalismo jurídico de que os juízes são meros 'aplicadores' das leis, neutros e apolíticos. Agora a atuação do Judiciário e as decisões judiciais somente se explicam em função dos valores e das preferências políticas particulares dos juízes. O juiz passa a ser visto como um verdadeiro ator político, que tem na decisão judicial a sua possibilidade de ação política; ele não decide conforme as regras, mas conforme seus interesses políticos particulares (INATOMI, 2017, p. 103).

Vale, neste ponto, ainda que de maneira sucinta, lembrar que o behaviorismo judicial comporta diferentes abordagens, seja pelo modelo atitudinal, seja pelo modelo estratégico[48]. Enquanto o primeiro usa como parâmetro para analisar a política nas decisões judiciais algo que já está estabelecido, tais como vínculo ideológico, preferências políticas, aspectos geracionais etc., o segundo está olhando para um fim, apontando como as decisões judiciais são orientadas por uma visão estratégica e construídas pensando onde se quer chegar, que objetivos conseguir.

Há toda uma cronologia que organiza o desenvolvimento desses estudos[49], mas o próprio calendário de publicações e desenvol-

---

48 Nos estudos sobre a abordagem estratégica, o comportamento político do Judiciário através da tomada de decisão pelo voto, bem como na incorporação de referências da literatura internacional sobre a relação mídia e Justiça, destaca-se a importância do período de estágio doutoral realizado como visitante do German Institute of Global and Area Studies — GIGA, desenvolvendo pesquisa junto às atividades do Institute of Latin American Studies — ILAS, de maio a setembro de 2017.

49 Trabalhos como o livro organizado por Maveety (2003), *The Pioneers of Judicial Behavior*, fazem um apanhado extenso de autores, obras e mesmo da construção de uma análise política do Judiciário.

vimento das pesquisas dão exemplos de que tais abordagens podem ser vistas de forma menos rígida. O livro que é considerado o marco primeiro do behaviorismo judicial, em especial da abordagem atitudinal, é *The Roosevelt Court: a study in judicial politics and values — 1937-1947*, escrito por Charles Herman Pritchett e publicado em 1948. Uma década depois, em 1958, Glendon Schubert lança *Quantitative analysis of Judicial Behavior*. Mesmo sendo considerado um autor mais ligado ao modelo atitudinal, ele insere na pesquisa, dentre suas ferramentas de análise, a teoria dos jogos, ou seja, um elemento da estratégia passa a fazer parte da tomada de decisão.

Inatomi (2017) mapeia esses estudos e propõe uma nova organização, matizando separações consideradas rígidas, entre atitudinais e estratégicos.

> A diferença entre uma abordagem e outra parece se dar muito mais no plano da 'gradação' do que da 'inovação': enquanto entre os atitudinalistas a ideia de estratégia aparece de forma rarefeita e esparsa, para explicar casos em que a preferência política particular do juiz não se encontrava tão explícita na decisão judicial, entre os estratégicos a ideia ganha estatuto de 'conceito', permitindo explicar tais 'contracasos' de forma mais sistemática (INATOMI, 2017, p. 103).

Fato é que, a partir do behaviorismo judicial, a política ganha autonomia como objeto de estudo dentro das pesquisas relativas ao Judiciário, como dito, em especial no processo decisório. Neste ponto, embora haja espaço para fazer ponderações sobre as intersecções de cada abordagem, nos cabe delimitar aspectos conceituais de ambas como forma de justificar nossa escolha pelo modelo estratégico.

De forma geral, os estudos atitudinais têm como premissa que os juízes perseguem objetivos políticos expressando preferências de forma sincera, tendo seu comportamento orientado por valores específicos. Era para a orientação ideológica de liberais e conservadores que Pritchett (1948) estava olhando ao explicar o funcionamento da "Corte de Roosevelt" ou, melhor dizendo, da composição da Suprema Corte norte-americana montada por Roosevelt. Tal como era em uma distinção entre liberais, moderados e conservadores que Rohde e Spaeth (1976) colocaram seu foco no objetivo de analisar a Suprema Corte norte-americana três décadas depois daquela oriunda das disputas em torno do *New Deal*[50]. Assim, sobre os atitudinais, vale pontuar: "Este modelo sustenta que a Suprema Corte decide os litígios à luz dos fatos do caso vis-à-vis das atitudes ideológicas e valores dos juízes" (SEGAL e SPAETH, 2002 *apud* BARREIRA, 2013). Ou seja, o que informa o processo decisório é algo anterior à conjuntura política ou às circunstâncias temporais.

Por outro lado, para o modelo estratégico, a visão do contexto e da posição dos outros atores envolvidos na questão é o fator indutor da tomada de decisão. Sua base é a teoria da escolha racional. De forma geral, estão em questão os seguintes pontos: um comportamento orientado pela utilidade máxima dos resultados, de informações que possibilitem uma visão do conjunto e de quais expectativas se tem ao escolher de determinada forma, inclusive quais as posições dos outros atores, a possibilidade de considerar opções diferentes e o foco concentrado na escolha individual (EPSTEIN e JACOBI, 2010)[51].

---

50 Ao formular o *New Deal*, política de natureza keynesiana que previa uma série de medidas de intervenção do Estado na economia como forma de recuperar os Estados Unidos após a crise gerada pela quebra da bolsa de valores de Nova Iorque, o presidente Delano Roosevelt tinha um impasse institucional: a Suprema Corte negou, em maio de 1935, validade a três dessas importantes medidas do plano. No ano seguinte, outras negativas se seguiram. Diante da circunstância que o impedia de mudar os votos de juízes com tradição conservadora e "não intervencionista", os "*justices*" da chamada Lochner Era, Roosevelt tentou, então, mudar a própria composição da Corte no que ficou conhecido como Court-Packing Plan. A ideia era aumentar a composição da Corte para quinze juízes e estabelecer a nomeação de um juiz adicional, até o máximo de seis, para cada outro que superasse a idade de 70 anos. Seu plano não conseguiu se efetivar, com a rejeição do Congresso. Contudo, por via institucional, com a aposentadoria e a morte de alguns *justices*, Roosevelt conseguiu mudar a orientação da Corte. Ele nomeou, entre 1937 e 1943, oito novos juízes, todos favoráveis ao *New Deal* e ligados ao Partido Democrata ou ao governo — a chamada Corte de Roosevelt.

51 "Strategic accounts, in contrast, belong to a class of nonparametric rational choice models, as they assume that goal-directed actors including judges — operate in a strategic or interdependent decision-making context. In this account (a) social actors make choices in order to achieve certain goals, (b) social actors behave strategically in the sense that their choices depend on their expectations about the choices of other actors, and (c) these choices are structured by the institutional setting in which they are made" (EPSTEIN e JACOBI, p. 343, 2010).

O estudo considerado pioneiro na abordagem estratégica é justamente o já mencionado *Quantitative analysis of Judicial Behavior*, publicado por Glendon Schubert em 1958. Ainda entre os que demarcaram o início da abordagem está Walter Murphy, com a publicação, em 1962, de *Congress and the Supreme Court* e, em 1964, com *Elements of judicial Strategy*. Com isso, Murphy coloca em análise elementos interdependentes da tomada de decisão judicial (EPSTEIN e KNIGHT, 2000). Passam a entrar em questão, por exemplo, a ação do Legislativo e do Executivo como sendo um fator a ser considerado no *judicial decision making*.

A abordagem estratégica ganhou mais fôlego na década de 1990. Então, o juiz é visto como um ator racional que, diante dos caminhos possíveis, escolhe a ação pensando no percurso mais eficiente que o levará a conseguir seus objetivos (EPSTEIN e KNIGHT, 1999 *apud* BARREIRA, 2013). De forma direta, o que se vê é que, ao contrário da abordagem atitudinal clássica, pela qual os objetivos políticos dos magistrados são vistos por algo que eles já trazem consigo, valores e aproximação ideológicas, na abordagem estratégica, o que ganha relevo é o contexto, a posição dos outros atores. O que informa a decisão são elementos que não estão dados de pronto. É, afinal, uma escolha estratégica baseada em elementos conjunturais a fim de alcançar determinado objetivo.

Em ambas as abordagens, um ponto-chave é considerar elementos institucionais sem desprezar a dimensão individual de análise — o comportamento dos juízes. Tanto o modelo atitudinal quanto o estratégico criaram um diferencial em relação aos estudos judiciais do Direito, estritamente legalistas. Assim, a Ciência Política ganhava autonomia ao olhar a Justiça como objeto próprio. Com isso, o que se destaca na análise é a política. Ambos os modelos "[...] ajudaram a estabelecer e a fortalecer a ideia de 'política' do Judiciário" (INATOMI, 2007, p. 107).

É diante desse quadro que nos parece apropriado pensar no behaviorismo judicial, em especial no modelo estratégico, como influxo para um diálogo com o *agenda-setting research*. É certo que o agendamento tem um agente; a necessidade de estar na agenda midiática para ingressar na agenda pública precisa de alguém que realize tal ação. Embora não avancemos nos estudos de representação e não tratemos de outras questões mensuráveis pelo estudo de matérias, editoriais etc., ao falarmos do *newsmaking*, apontamos o agente e destacamos o papel da assessoria na relação com os jornalistas na escolha das pautas.

Como já dissemos, ao atentar para o "meio do caminho" que liga a assessoria à cobertura, olhando de forma cuidadosa para o que envolve a produção da notícia (*newsmaking*), observa-se o papel da comunicação do STF no agendamento. Um exemplo é a importância, nos anos 1990, do implemento de *releases*, fotografias, filmagens, sistema de som etc. Uma série de práticas que, ao serem disponibilizadas pela assessoria do Supremo, facilitam a rotina dos jornalistas e tendem a aumentar a cobertura da instituição. Considerações a respeito dessa questão estão presentes no capítulo seguinte. A digressão feita aqui tem o intuito de dizer que a agenda, no que se refere à instituição, é mobilizada por alguém e com um fim.

Aqui reafirma-se a escolha da abordagem estratégica para dialogar com o agendamento porque, ainda que as preferências pessoais dos juízes sejam importantes, ao escolher um assessor de comunicação, propor ou anuir determinadas práticas da assessoria de comunicação, tal conduta não terá efetividade se for baseada em valores e preferências dadas que não dialoguem com o contexto. O papel da assessoria é ser uma ponte entre a instituição e a mídia e entre a instituição e a sociedade; essa atividade é necessariamente estratégica, está olhando para os outros atores e está focada no contexto.

Nosso agente mobilizador, ainda que em caráter negocial (ALSINA, 2009) com os jornalistas, é a assessoria de imprensa/comunicação. Resta saber por que, então, há uma preocupação em se agendar. Também ao longo do primeiro capítulo, abordamos com detalhes essa questão: no século XX, a mídia passou a ser, por excelência, o lugar da política. É preciso ocupar esse espaço com propriedade. O agendamento, no esforço empreendido pela instituição que a promove, tem um objetivo a ser atingido. Não se ocupa a agenda midiática à toa; ela é etapa necessária para se estar na agenda pública. Pelo muito já exposto, reafirma-se que essa é uma necessidade da política. Aqui, para fechar a argumentação, voltamos ao exemplo destacado por Maieron (2020) sobre os ministros do STF que atuaram junto à Constituinte para fortalecer o STF. Ao *lobby* se somavam entrevistas com fins claros. Tão importante quanto ser é parecer ser. Poder e demonstrar que pode, sobretudo em relação ao Executivo e ao Legislativo.

Há, contudo um senão significativo ao mobilizar o behaviorismo judicial, mesmo em sua vertente estratégica: via de regra, ele está olhando para os votos de juízes ou aspectos relativos às decisões judiciais. Certamente, o processo decisório pode ser informado por uma variação de elementos: aspectos institucionais e estruturais, valores individuais, regras das cortes etc. Inatomi (2016) aborda alguns pontos lembrando que existem trabalhos atitudinais e estratégicos que afirmam não ser suficiente olhar para juízes, seus valores e comportamentos. É também necessário ver aspectos institucionais e estruturais, pensando-os de forma independente das vontades individuais. Questões que cercam e limitam a atuação dos juízes. Em todo caso, é preciso ressaltar: o foco está no processo decisório.

Mesmo trabalhos como o de Cook[52] (1977 e 1979), que tem como elemento de análise a opinião pública, utilizam-se de uma

---

52 Cook tem dois artigos publicados que buscam explicar a mudança das decisões dos juízes federais a favor ou contra o governo dos EUA nas políticas que dizem respeito à Guerra do Vietnã No primeiro (1977), levando em consideração a opinião pública. No primeiro, ela analisa pesquisas de opinião entre 1967 e 1975. No segundo artigo (1979), Cook traça uma abordagem mais metodológica para responder aos achados de outro pesquisador da área, desta vez utilizando dados entre 1965 a 1973. Em *Public Opinion And Federal Judicial Policy*, Cook (1977) agrega as variáveis em três níveis: nacional, regional e distrital. "*Defendant behavior makes a difference in specific cases within a time period, but opinion correlates with changing sentence patterns over time*" (COOK, 1977, p. 567). Em seu outro texto, *Judicial Policy: Chance Over Time*, a autora utiliza *path analysis* para entender por que a Corte muda suas decisões ao longo do tempo a partir da opinião pública. Para isso, ela utiliza as pesquisas de opinião de 1965 a 1973 sobre a Guerra do Vietnã. Em seu outro texto, *Judicial Policy: Chance Over Time*, a autora utiliza *path analysis* para entender por que a Corte muda suas decisões ao longo do tempo a partir da opinião pública. Para isso, ela utiliza as pesquisas de opinião de 1965 a 1973 sobre a Guerra do Vietnã. De acordo com Cook, as pes-

medida específica para tratar de comunicação. São *surveys* ou outras formas de pesquisa de opinião pública que indicam preferências da sociedade sobre pontos determinados relativos às cortes. Vale relembrar, como disposto no primeiro capítulo, como são profícuos os estudos norte-americanos sobre *public confidence* (confiança pública), *diffuse support* (apoio difuso) e *specific support* (apoio específico). Não à toa, o trabalho considerado referência nesse núcleo é o de Murphy e Tanenhaus (1968). Em nossa pesquisa, tais estudos foram, inclusive, mapeados dentro de um núcleo de investigação próprio. Mas se ratifica o ponto: nesse caso, a comunicação é mobilizada no limite das pesquisas que informam preferências. Há uma lacuna ao se abordar o papel da cobertura, dos jornalistas, da assessoria, dos aspectos teóricos da comunicação.

Um outro trabalho que se vale da comunicação em sua análise é o de Segal e Cover (1989), que, para tentar verificar a posição liberal ou conservadora dos juízes, busca publicações em jornais que sejam anteriores às nomeações dos *justices* para a Suprema Corte. *The Washington Post*, *The New York Times*, *The Los Angeles Times* e *The Chicago Tribune* foram estudados como maneira de informar preferências (BARREIRA, 2013). Eis o ponto: mesmo que elementos da cobertura estejam presentes, eles não estão no centro da análise, que permanece sendo o processo decisório.

Por isso, o diálogo proposto aqui se reflete em um esforço de aproximação, em pensar possibilidades entre o agendamento e a abordagem estratégica, dada a escassez de referências ou aparato teórico que já tenha se debruçado sobre essa tarefa. Trabalhos como os de Peters (2014), que versam sobre a relação entre assessoria e cobertura na Suprema Corte norte-americana, deixam clara essa lacuna. Assim, volta-se às limitações já colocadas de pensar como o behaviorismo judicial, mesmo tendo como esteio de análise costumeiro questões relativas ao voto e às decisões judiciais, podem nos ajudar a pensar a política no Judiciário saindo desse

---

quisas de opinião provaram ser um poderoso preditor da mudança das decisões políticas do Judiciário em apoio ao governo (variável dependente) ao longo do tempo.

âmbito decisório para pensar a presença do Judiciário junto à mídia. Aqui, como já foi dito, pela natureza da relação entre assessoria e cobertura, e mesmo por necessitar se colocar estrategicamente na agenda midiática e pública, dentro do behaviorismo judicial, o modelo estratégico ganha destaque.

Nesse sentido, vale resgatar a definição de política de comunicação de Bueno (2008) vista em um sentido amplo, que prescinde de um documento ou formalização. Para ele, é no conjunto sistematizado de princípios, valores, posturas, estratégias e diretrizes que a política de comunicação ganha forma, com o objetivo de orientar o relacionamento de uma organização/instituição ou empresas, as quais possuem os seus públicos de interesse ou estratégicos.

Neste ponto é preciso lembrar que, mesmo no que concerne aos estudos de comunicação, pensar o agendamento ligado à Ciência Política tem seu caráter inovador, em especial ao se sair da análise que ou olha fatores internos ou pensa nos atores políticos disputando a agenda midiática entre si. Unir elementos internos com o processo político é o desafio colocado.

A pesquisa sobre o *agenda setting* dos cientistas políticos concentra-se principalmente em fatores políticos endógenos: A presença de questões na agenda de um determinado ator político (por exemplo, congresso) é atribuída à influência de outro ator político (por exemplo, o presidente), ou a questões da mesma agenda, de um período anterior (incrementalismo). Ambas as tradições do *agenda setting*, nas comunicações e na ciência política, desenvolveram-se separadamente. Timidamente a partir de meados da década de 1980, os acadêmicos começaram a se concentrar na mídia e na agenda política. Eles examinaram se e como agendas (públicas e) midiáticas, que anteriormente eram o foco apenas de pesquisadores de comunicação, interagem com agendas políticas, que antigamente eram o playground exclusivo dos cientistas políticos (WALGRAVE; VAN AELST, 2006, p. 89).[53]

53 *"Political scientists' agenda setting research focuses mainly on endogenous political factors: The presence of issues on the agenda of a certain political actor (e.g., congress) is attributed to*

Toda a argumentação, aqui, pondera como a política é feita na agenda midiática e pública. Então, ampliamos a compreensão de como o Judiciário se comporta como ator político. Deslocamos nosso olhar do voto e do processo decisório para a comunicação. Se analisar como os juízes decidem nos ajuda a compreender seu comportamento político, pensar como eles se comunicam para além do processo decisório também. Contudo, como já dito, essa aproximação exige um esforço exatamente por sua novidade, pela rarefeita literatura que informe um diálogo entre comunicação e ciência política pensando no Judiciário.

Assim, ao pensarmos a hipótese do *agenda-setting research* e a abordagem estratégica, destacamos os aspectos que constroem um diálogo possível, pontos de aproximação que mostram a convergência entre estes dois suportes teóricos.

1. **Indivíduo x instituição**: o primeiro ponto em questão diz respeito ao foco no comportamento e nas preferências individuais próprias da abordagem estratégica; o voto, o processo decisório e o olhar para os pares ou os limites impostos pelas regras informais e formais têm como centro o indivíduo. Porém, ao se pensar na escolha do assessor de imprensa/comunicação, mesmo que essa escolha parta de um ministro específico, seu passo seguinte é, necessariamente, institucional. É presumível que a escolha do assessor evoque a confiança do juiz que faz a escolha. Contudo, o trabalho da assessoria, mesmo que privilegie um ministro, tem impacto institucional. Veremos essa questão com mais detalhes no capítulo seguinte. Contudo, ressalta-se que, em instituições do tamanho do Supremo Tribunal Federal, não é possível supor que a assessoria se volte a atender apenas um entre onze membros. Mesmo que aqueles que têm seus próprios contatos com a imprensa se

---

the influence of another political actor (e.g., the president) or to issues on the same agenda in a preceding period (incrementalism). Both agenda setting traditions, in communications and in political science, developed separately. Timidly starting in the mid-1980s, scholars began to concentrate on the media and the political agenda. They scrutinized whether and how (public and) media agendas, previously the focus only of communications researchers, interact with political agendas, formerly the exclusive playground of political scientists".

comuniquem de forma independente ou, ainda que o presidente ganhe uma atenção específica, ao se estruturar um setor, aumentar o quadro pessoal, disponibilizar novas práticas e produtos jornalísticos, o impacto é institucional. Dito de outra forma: o trabalho que mobiliza o agendamento do STF é institucional, ainda que reflita a escolha de um determinado ministro. Ou seja, a preferência, ao contrário do que ocorre no voto, não se restringe completamente à expressão de um indivíduo. A expressão da vontade de um se reflete em um movimento institucional.

2. **Processo decisório (voto) x comunicação**: essa é a questão central aqui já colocada com ênfase. Por essência, o behaviorismo judicial, seja em sua abordagem atitudinal seja na estratégica, olha a tomada de decisão. Esse é o ponto-chave da análise. Ainda que questões relativas à comunicação apareçam, elas informam a tomada de decisão. É isso que aparece nos trabalhos de Cook (1977 e 1979) ao olhar os *surveys* que indicam a opinião pública e no trabalho de Segal e Cover (1989), que observa a publicação dos *justices* em determinados jornais para, então, saber sobre suas preferências. Note-se, mais uma vez, que a comunicação informa e dá sinais para o processo decisório. O processo sobre o movimento de a Corte ou o tribunal ingressar na agenda midiática e pública não é objeto dos estudos que verificam a política no Judiciário, tendo como foco apenas a tomada de decisão. Em nosso caso, a comunicação é central na análise, sendo vista como forma de se colocar politicamente.

3. **Expressão direta x mediação**: outra questão levantada nesse exercício de aproximação é o fato de que o voto expressa a vontade individual de forma direta. É isso que permite seu escalonamento, sua comparação com o voto dos pares e sua distribuição no tempo para observar possíveis mudanças de acordo com o contexto. O voto é a unidade de observação que expressa a vontade do indivíduo de maneira clara e direta, podendo, é claro, ser vista dentro de um processo decisório mais amplo, com a interação de outros atores. Contudo, sua unidade a indicar a preferência e a escolha política dos juízes permanece. A análise se centra no voto,

da mesma forma que o juiz controla sua decisão pelo voto (embora possa não controlar o resultado em geral). Porém, ao deslocar o centro da análise para a comunicação, o elemento da mediação aparece dissolvendo tanto essa unidade que expressa uma vontade como a capacidade de controlar a decisão. A comunicação é mediada (THOMPSON, 1998), passa pelo crivo dos meios de comunicação e, em se tratando da relação assessoria e jornalistas, ela também é negocial (ALSINA, 2009). Não há controle em um *release*, uma entrevista agendada, uma coletiva de imprensa etc.; sempre terão como filtro a própria imprensa, que vai analisar e negociar o interesse por aquela pauta. Não há um resultado direto, ao contrário do que teorias como a da bala mágica[54] preconizavam. Os resultados das políticas de comunicação se espraiam no tempo porque a relação com a mídia é de via dupla. É isso que faz com que a comunicação seja essencialmente estratégica. A efetividade da comunicação, tendo como foco a assessoria, por exemplo, vai depender da sua capacidade de fazer com que os interesses e as pautas da instituição conversem com o contexto, atendam aos critérios de noticiabilidade etc. A própria assessoria terá que lidar com pautas inconvenientes, como crises, assim como terá que responder a questões que sequer pautou. Não há uma expressão direta de vontade; entrar na agenda midiática e pública é um movimento que depende também de condições alheias ao agente, daí a necessidade de investir em comunicação para aprender a se colocar. A característica do século XX é justamente ter uma sociedade e uma política mediadas.

54 Em 1918, a Inglaterra tentava persuadir o inimigo lançando em território alemão e austro-húngaro panfletos largados por balões e aviões (SANTOS, 2015) como espécies de "balas de papel". O termo, aliás, foi cunhado pelo jornalista George Creel, chefe do Committee of Public Information, organização responsável pela propaganda norte-americana durante a 1ª Guerra. O impacto da propaganda na Guerra era visto sobre o prisma behaviorista. Tentava-se compreender o comportamento das pessoas diante da exposição do que os pesquisadores denominaram "balas mágicas". O termo está presente nos estudos iniciais em comunicação ao defender a ideia de que as mensagens teriam efeitos diretos e imediatos, sem filtros por parte do receptor.

Feitas as devidas ponderações, ao olharmos para a instituição, para a comunicação e para a mediação, mesmo que não se possa dar ênfase ao indivíduo, ao processo decisório e ao resultado direto, um elemento do agendamento e da abordagem estratégica torna-se o ponto de intersecção dessa aproximação: a importância do contexto político. Nesse sentido, a natureza estratégica do agendamento, que só pauta um assunto (positiva ou negativamente) por sua aderência, se liga à abordagem estratégica. As posições informadas pela conjuntura colocam-se como o ponto de congruência desse diálogo, ainda que reste a questão indivíduo x instituição.

Esse é o gancho para voltarmos ao nosso argumento: ao analisarmos a relação entre a dinâmica comunicacional e o contexto político, é a conjuntura que oferece constrangimentos e oportunidades à comunicação do Supremo Tribunal Federal. Também na base teórica, vemos que o ponto em comum do agendamento e do modelo estratégico é o contexto político. Ou seja, o foco analítico de nossa pesquisa pode não estar na tomada de decisão, mas, ainda que tenhamos como foco a comunicação, o elemento conjuntural permanece informando a política tanto do processo decisório como da forma de se comunicar.

A aproximação entre a ciência política e a comunicação traz limitações teóricas e metodológicas. Estabelecemos um diálogo entre a hipótese do *agenda-setting research* e a abordagem estratégica, na qual o contexto se coloca como ponto de congruência a informar a política na tomada de decisão e na comunicação. No entanto, se a conjuntura política ganha destaque na análise, é preciso pensar autores que, dentro do modelo estratégico, estejam olhando para uma realidade com similitudes à brasileira. De maneira mais enfática, é relevante o olhar para a América Latina, em especial durante a redemocratização — recorte temporal que marca o início da pesquisa.

É olhando para um período de transição que se deve pensar em um Tribunal que se agenda para responder à visibilidade dada por seu crescente poder político. É nesse contexto que o aspecto estratégico da comunicação se torna premente. Nesse sentido, o trabalho de Helmke (2005), *Courts Under Constraints — Judges,*

Generals, and President in Argentina, traz questões interessantes que podem promover um diálogo com a pesquisa aqui desenvolvida. Seu objeto é a Suprema Corte da Argentina justamente no período de transição democrática, em que os juízes passaram a decidir contra o atual governo, como forma de se posicionar a favor do novo contexto que se anunciava.

Helmke (2005) faz um panorama sobre a questão do Judiciário na América Latina durante a terceira onda democrática (1980/1990). Cita exemplos de Judiciários que julgam ações contra governos. Segundo ela, governar contra governantes ("*ruling against rulers*") tem sido o debate principal nos pressupostos sobre o comportamento judicial e de instituições. Primeiro, porque as recorrentes decisões de juízes na América Latina sobre fatos controversos põem em xeque a suposição de que os juízes que não têm independência e legitimidade evitam, automaticamente, brigas políticas. Segundo, como até mesmo juízes mais comprometidos estão dispostos a governar contra os governantes, surge o questionamento se o isolamento político funciona para o surgimento de freios e contrapesos. Assim, a pergunta que norteia o livro é: por que juízes na América Latina estão dispostos a se posicionar contra os governos?

Se Helmke (2005) faz essa pergunta com relação às decisões judiciais, podemos pensar em termos de comunicação, precisamente, como o Judiciário se mostra. Aí, o que salta na análise é o caráter estratégico da ação, em especial no tocante ao contexto político. Esse é o ponto levantado por Helmke (2005) que mais dialoga com nossa pesquisa, visto que mapeamos um cenário em um momento de instabilidade, iniciando no período da redemocratização brasileira.

A realidade latino-americana é destacada no trabalho de Helmke (2005) e aqui também nos cabe salientá-la. Ela explica que o processo de escolha dos juízes é importante nas democracias e que presidentes podem escolher juízes com pontos de vista semelhantes, mas que isso não se sustenta o tempo todo. Não só o juiz pode se comportar diferente como a Justiça cria uma visão própria. Enquanto nos EUA um presidente nomeia dois ou três juízes, na América Latina é possível nomear toda uma Corte, em especial durante os períodos autoritários. O Brasil é citado como exemplo, além de Guatemala, Cuba, Nicarágua e Argentina.

A capacidade exagerada de presidentes latino-americanos de selecionar seus próprios juízes explica em grande parte o grau de nepotismo e corrupção que distingue os judiciários latino-americanos dos seus pares em democracias mais desenvolvidas (Helmke, 2005, p. 10).[55]

Há literatura sobre separação de poderes que explora as escolhas feitas pelos juízes de acordo com os constrangimentos enfrentados por eles, em que os juízes têm preferências políticas. Inclusive, tomar uma decisão contra outros atores institucionais pode gerar consequências negativas:

Um juiz pode não obter o apoio de outros juízes, o executivo pode se recusar a implementar a decisão do tribunal, ou o Congresso pode anular a opinião do tribunal. Para evitar esses possíveis resultados, um juiz enfrentará incentivos para abrir mão de sua escolha preferida e, em vez disso, escolherá a próxima melhor opção que ele ou ela acredita que os outros atores institucionais relevantes apoiarão (Helmke, 2005, p. 12).[56]

Novamente, o que Helmke (2005) está apontando é para uma relação de constrangimento entre poderes, olhando para o processo decisório judicial. Nesse aspecto, o que é importante, para nós, é o elemento da conjuntura política, o ponto congruente entre o agendamento e o modelo estratégico. Podemos pensar, a partir daí, que os juízes também se comunicam estrategicamente tal como decidem seus votos, e que essa estratégia é ligada a um tempo e a uma avaliação sobre determinado contexto.

---

55 *"The exaggerated capacity of Latin American presidents to select their own judges goes a long way toward explaining the degree of cronyism and corruption that distinguishes Latin American judiciaries from their counterparts in more developed democracies".*

56 *"A judge may not get the support of other judges, the executive may refuse to implement the court's decision, or Congress may overrule the court's opinion. To avoid such possible outcomes, a judge will face incentives to forgo his or her most preferred choice and instead choose the next best option that he or she believes the other relevant institutional actors will support".*

Como resultado, o conflito de interesse intertemporal relevante muda do cenário padrão de um juiz nomeado por um governo passado que é restringido principalmente pelo governo atual, a uma situação mais incerta na qual um juiz nomeado pelo atual governo enfrenta potenciais restrições das mãos de um futuro governo de oposição (Helmke, 2005, p. 13).[57]

Dito isso, a autora informa que o objetivo do estudo é explorar como as interações entre objetivos, preferências, juízes, políticos e informações moldam as relações entre Tribunais e Executivos. A instabilidade institucional gera um ciclo em que os juízes se posicionam contra o atual governo, uma vez que começam a perder poder. "Eu me refiro a esse padrão alternativo de comportamento como 'deserção estratégica'" (Helmke, 2005, p. 14, grifo nosso).[58] Diante dessa afirmação, não poderíamos pensar que o Judiciário se comunica para se defender ou se afirmar diante dos outros poderes ou mesmo diante de um contexto político? Ou que há uma estratégia de comunicação tal qual há uma estratégia presente nas decisões? Essas são indagações que estão presentes na análise quando juntamos os aspectos relativos à dinâmica comunicacional e à política.

O que a autora aponta é, precisamente, uma estratégia que emerge de um contexto. Algo que chama de "*strategic defection*" (Helmke; 2005, p.17), como sendo a posição dos juízes que "desertam", que votam estrategicamente contra o governo. Os dados impressionam: a análise se debruça sobre 11 mil decisões individuais em mais de 20 anos e confirmam uma estratégia deliberada dos juízes. O ponto-chave é: uma estratégia que muda com o contexto e o tempo. Observando esses dois pontos, vale ratificar o termo usado "*inter-temporal conflict*" (Helmke, 2005, p.13).

---

57 *"As a result, the relevant inter-temporal conflict of interest shifts from the standard scenario of a judge appointed by a past government who is primarily constrained by a current government to a more uncertain situation in which a judge appointed by the current government faces potential constraints at the hands of a future opposition government"*.

58 *"I refer to this alternative pattern of behavior as 'strategic defection'"*.

Ambos os fatores são importantes para uma pesquisa como a nossa, cujo recorte temporal é também longo, perfazendo 16 anos. Ou seja, mesmo não olhando para a tomada de decisão, como faz Helmke (2005), observar a estratégia de juízes que mudam de posição ao longo do tempo, informados pelo contexto e pelos constrangimentos implicados à Corte, em um cenário que muda durante a redemocratização, nos coloca interessantes elementos de análise. Pensando nos termos usados pela autora, é possível questionar: se há uma lógica da *strategic defection*, não poderia haver também uma de agendamento estratégico? Ou, de outra forma, a maneira de se comunicar também não poderia variar de acordo com o contexto político e com o tempo?

Em suma, o que Helmke (2005) está dizendo é que o comportamento dos juízes pode mudar na direção do pensamento do governo corrente. "O comportamento de juízes pode não estar de acordo com as preferências reais dos juízes, afirmam os estudiosos, mas na medida em que o comportamento judicial muda, tende a ser na direção de alinhar as decisões da Corte com as preferências dos detentores de cargos contemporâneos". (Helmke, 2005, p. 25).[59] É um comportamento estratégico. Então, essa é a nossa chave para pensar uma aproximação com a comunicação. Uma análise que leve em conta a possibilidade de um agendamento estratégico, tendo em vista dois fatores de análise: contexto e tempo.

Por tudo exposto ao longo deste capítulo, reafirma-se que aqui não estamos tratando de um modelo teórico-metodológico já definido, mas sim da possibilidade de construir um diálogo entre referências teóricas e metodológicas que permitam compreender a dimensão estratégica da ação política dos tribunais não só nas suas decisões judiciais, mas também na forma de se comunicar. O que a lente de Helmke (2005) nos coloca é o gancho necessário para

---

59 *"Judges' behavior may not comport with the judges' true preferences, scholars assert, but insofar as judicial behavior changes, it tends to be in the direction of bringing the Court's decisions in line with the preferences of contemporary officeholders".*

dar à agenda da comunicação um sentido político, salientando, no caso, as estratégias ligadas à comunicação.

De forma sintética, podemos dizer que o modelo estratégico analisa a atuação política dos juízes observando votos e processo decisório. Tomando essa abordagem como base para dialogar e considerando que, no contexto do século XX, a atuação política não se faz sem a mediação, é preciso ampliar a análise e observar os aspectos estratégicos da comunicação. Diante do ponto de intersecção em que a agenda e a estratégia são informadas pela conjuntura, ao observar as mudanças históricas ao longo do tempo, podemos ver como o novo desenho institucional do STF, combinado com mudanças históricas e conjunturais, impulsionou uma política de comunicação da instituição.

Capítulo 3

Dinâmica comunicacional: os movimentos da assessoria e da cobertura

É interessante perceber, como pontuamos desde o início, o papel desenvolvido pela mídia como espaço de mediação por excelência na política do século XX. Estar na agenda midiática é condição para se estar na agenda pública (MARTINO, 2014; McCOMBS; SHAW, 1972), o que exige uma *expertise* para tal. Em outras palavras, poder-se-ia usar a clássica expressão "tão importante quanto ser é parecer ser".

No mundo dos *media,* no qual o jornalismo profissional se desenvolveu, era também esperado que a burocracia estatal incrementasse sua comunicação com o mesmo grau de profissionalismo. Essa perspectiva é importante por dois pontos:

1. Para se entender que não há uma relação tão direta entre o Estado e a sociedade, apontando para os bastidores e a dinâmica de um vínculo que não paira no ar, exigindo mediação qualificada;
2. Para, ao olhar em detalhe, observar o aprendizado institucional com o objetivo de saber lidar com a mídia e se adequar às exigências de um tempo.

Assim, diante de uma relação mediada, apresenta-se a necessidade de uma comunicação profissional para atuar de maneira compatível junto às demandas da conjuntura política, para se agendar tendo uma estratégia e uma direção.

Dessa maneira, cabe-nos verificar nosso argumento geral e analisar como o novo desenho institucional do STF, combinado com mudanças históricas e conjunturais, impulsionou uma política de comunicação da instituição. Assim, a pesquisa irá mostrar: 1) como a política de comunicação do Supremo Tribunal Federal estabelece uma relação com a cobertura do Tribunal, criando uma dinâmica comunicacional; e 2) como o contexto político oferece oportunidades e constrangimentos a essa dinâmica comunicacional. Com uma análise calcada na comunicação e na política, neste capítulo, especificamente, vamos nos debruçar sob o primeiro ponto, o relativo à comunicação.

Sob esse viés, para entender como o Supremo se relaciona com a mídia, cabe-nos um esforço em várias frentes. É preciso mapear as mudanças organizacionais relativas à comunicação: resoluções, cargos, nomenclaturas etc., além de verificar o número de profissionais alocados no setor — como forma de dimensionar seu crescimento no tempo. Por fim, é também necessário verificar a relação entre a profissionalização da assessoria de comunicação e o aumento de jornalistas na cobertura do Supremo. Nesse sentido, vale lembrar que nosso recorte temporal de análise está centrado no período de 1988 até 2004, embora alcance acontecimentos que servem de prévia ao julgamento do Mensalão, em 2012 e 2013.

Mas aqui vale explicar que tal delimitação foi escolhida por comportar o redesenho institucional do Supremo feito pela Constituição Federal de 1988 até a primeira grande reforma constitucional que alcança o Sistema de Justiça brasileiro no período democrático, convencionalmente chamada de Reforma do Judiciário, instituída pela Emenda Constitucional 45, promulgada no dia 30 de dezembro de 2004. A partir da Reforma, os acontecimentos que se sucedem e chegam à Ação Penal 470, o Mensalão, são justamente a antessala dos desejos, a explosão de uma ideia de Justiça mais ligada à expressão da vontade do que de uma institucionalidade. Uma virada de ato do que iriamos ver anos depois com a Operação Lava Jato.

Comunicação do STF: tão importante quanto ser é parecer ser

A transição democrática, sob o ponto de vista institucional, não alterou de forma imediata a atuação do Supremo Tribunal Federal junto à mídia. Foi apenas no meio da década de 1990, com o aumento da visibilidade do Tribunal, que houve um redesenho de sua atuação midiática. Com o processo de *impeachment* do presidente Fernando Collor de Mello, entre outros fatores, há um aumento de cobertura jornalística do Tribunal e o início de um movimento que resulta em uma maior profissionalização da comunicação do Supremo, compondo uma dinâmica própria entre assessoria e jornalistas — uma dinâmica comunicacional que se alimenta mutuamente.

Se pensarmos em uma ordem cronológica, em uma análise que se propõe a olhar em detalhes a relação entre jornalistas setoristas e assessoria do STF, veremos que essa dinâmica ocorre seguindo um caminho que aponta primeiro para eventos políticos que mobilizam uma maior cobertura e que, por sua vez, geram mudanças na comunicação do Supremo. Contudo, aqui "contamos a história" seguindo uma ordem inversa: partimos da burocracia interna para a cobertura e para a conjuntura política. Nesse sentido, é importante detalhar as alterações na burocracia e na organização da comunicação do Supremo como forma de entender as mudanças ocorridas.

Nesse caminho, seguimos detalhando a criação da assessoria de imprensa do Supremo. O primeiro passo nesse trajeto é perceber como a instituição profissionalizou sua burocracia e fez um reordenamento interno, dando mais espaço para o setor e desenvolvendo tecnicamente sua *expertise* em comunicação. Aqui vale ressaltar a distinção entre assessoria de imprensa e assessoria de comunicação[60], sendo a primeira focada no elo com a imprensa e com os jornalistas que fazem a cobertura da instituição, tendo a notícia como matéria-prima, e a segunda incluindo uma ampliação de atividades, produtos e públicos, sendo que não apenas a imprensa é o objeto do relacionamento.

---

60 Vale ressaltar que há diversas definições de Assessoria de Comunicação, em especial pela sua distinção entre a realidade brasileira e a norte-americana, onde surge o primeiro escritório de *Public Relations*, no início do século XX. No Brasil, com a profusão dos cursos de graduação em jornalismo e o processo de censura na ditadura, que causou uma migração de jornalistas das redações para as assessorias, a atividade esteve ligada historicamente ao contato com a imprensa e, só em um segundo momento, a uma relação com a comunicação de forma geral, englobando profissionais de outras áreas da formação em comunicação social, tais como publicitários, *designers* etc. Chaparro (2011) fala do crescimento da assessoria de imprensa no Brasil nos anos de ditadura militar, fazendo referência à Assessoria Especial de Relações Públicas da Presidência da República (AERP) no setor público, e, ao se referir ao setor privado, dá exemplos de jornalistas que saíram de veículos como *Record* e *Folha de S. Paulo*, como Alaor José Gomes, e da Última Hora, como Reginaldo Finotti, para montar assessorias como a Unipress. Lasta (2017) aborda alguns conceitos de assessoria de comunicação no seguinte artigo: "(Re) discutindo a assessoria de comunicação no contexto da sociedade midiatizada".

A assessoria de comunicação passa a se relacionar com públicos distintos, atuando na produção de conteúdo em áudio e vídeo, elaboração editorial e gráfica etc. Essa dinâmica é vivenciada paulatinamente pelo STF que, em 1988, inicia o processo de democratização brasileira com uma assessoria de imprensa pequena, com apenas três pessoas em seu quadro. Em 2004, ano da Reforma do Judiciário, há cerca de 80 profissionais alocados em uma Secretaria de Comunicação Social que abarca a TV Justiça e a Rádio Justiça, exemplos de mídias das fontes que tanto têm impacto na cobertura jornalística como atingem um público mais amplo do que o de jornalistas. O desenvolvimento dessa profissionalização foi reconstruído por meio de entrevistas e fontes documentais, sendo mapeado como forma de dar suporte para a análise da hipótese 1: há relação entre o aumento dos veículos com setoristas que fazem a cobertura do Tribunal e a profissionalização da Assessoria de Comunicação do STF, criando uma dinâmica comunicacional. Vejamos em que termos o Supremo vai profissionalizando sua comunicação.

O primeiro assessor de imprensa[61] nomeado para o Supremo Tribunal Federal (STF), tendo essa denominação específica para o cargo, foi o advogado Galba Menegale[62], que exerceu a função do dia 1º de março de 1982 até 4 de abril de 1983. Na sequência, o cargo foi ocupado pelo jornalista Ézio de Souza Pires, que atuou como assessor de imprensa desde a saída de Menegale até 30 de junho de 1995. Foram precisamente 12 anos em que Ézio Pires esteve no comando do que se poderia chamar de Assessoria de Imprensa, embora essa seja a designação do cargo, e não especificamente do setor. Vale lembrar que Ézio, além de jornalista, com atuação em veículos como a Agência de Notícias dos Diários Associados (Agência ANDA), do grupo Assis Chateaubriand, era servidor do

61 O cargo de Assessor de Imprensa do Supremo Tribunal Federal foi criado pela Lei nº 6.959, de 25 de novembro de 1981.

62 Além de assessor de imprensa do STF, Galba Menegale foi também procurador da Previdência Social, secretário-geral do Superior Tribunal de Justiça (STJ) e ouvidor-geral da República durante o governo de Itamar Franco.

STF, tendo vindo do Rio de Janeiro a Brasília junto com os demais servidores do quadro administrativo e com os próprios ministros do Supremo quando da inauguração da nova sede do Tribunal na capital recém-construída, em 1960.

Em um apanhado documental, pode-se verificar que, antes de uma Assessoria de Imprensa ou de Comunicação nos moldes contemplados pela prática profissional da área, voltada para a relação da instituição com a imprensa e com a opinião pública, existia uma Seção de Comunicação[63]. Criada em 1974, a Seção tinha atividades que se aproximavam da comunicação interna da burocracia e operava tão somente como um braço do Departamento Administrativo. O Ato Regimental 6, de 14 de outubro de 1977, modificou a estrutura do Supremo, mas as atribuições da chamada Seção de Comunicação continuaram as mesmas, sem que houvesse qualquer menção ao contato com a imprensa ou com produtos e ações de jornalismo, relações públicas e/ou publicidade.

O que aparece como novidade no referido ato é um Serviço de Divulgação[64]. Mas, ainda assim, sua designação é relativa à edição de materiais para a Revista Trimestral de Jurisprudência ou outras produções que, embora não especificadas, supõe-se serem de teor normativo, inclusive pela subordinação administrativa do Serviço de Divulgação ao Departamento Judiciário. Novamente, sem que haja referências a produções informativas destinadas aos jornais e ao público em geral.

---

63 A seção de Comunicação do STF foi criada pelo Ato Regimental nº 2, de 16 de agosto de 1974, que dispunha sobre o artigo 336, § 1º do Regimento Interno. Em seu art. 13º, havia a especificação: "À seção de Comunicação incumbe receber e protocolizar todos os papéis, documentos e autos entrados na Secretaria, distribuindo-os aos órgãos competentes; manter registros adequados para informações às partes e expedir toda a correspondência do Tribunal, bem como os recursos julgados". No Ato Regimental nº 6, de 14 de outubro de 1977, as atribuições da Seção de Comunicação estão especificadas no art. 17º, mas não há alterações em seu conteúdo. O que surge é a designação de um Serviço de Divulgação, especificado no art. 11, cujas atividades eram divididas em Seção de Publicações (SPl) e Seção de Controle e Distribuição (SCD).

64 No Ato Regimental nº 6, de 14 de outubro de 1977, surge a designação de um Serviço de Divulgação, especificado no art. 11, cujas atividades eram divididas em SPl e SCD. Em suas atribuições está a de editar, além da Revista Trimensal de Jurisprudência, "outras publicações que o Tribunal venha a fazer".

Assim, até os anos 1990, não havia um setor estruturado de forma mais profissional para esse fim. Institucionalmente, desde o início dos anos 1980, as atribuições eram representadas pelo cargo de Assessor de Imprensa. Durante o período em que Ézio Pires assumiu, em especial após 1988, sua atuação se dava com a colaboração de outros dois servidores do Supremo, em uma pequena sala dividida com os jornalistas que cobriam o Tribunal.

Para se usar o marco temporal da Constituição Federal, de 1988 até 1995, segundo informações colhidas em entrevistas, o que se pode chamar de Assessoria de Imprensa do Supremo era um setor composto pelo jornalista Ézio Pires e por dois servidores[65] responsáveis pela clipagem[66] e por outras tarefas de auxílio administrativo na rotina de atendimento à imprensa. À época, além da clipagem, não havia nenhuma prática mais convencional de Assessoria, como o envio de *releases*, nem uma sistemática de mapeamento do que ocorria no Tribunal e tampouco uma cobertura das sessões plenárias e das turmas ou outra atividade nesse sentido. A Assessoria atuava basicamente na feitura da clipagem, na elaboração de alguns relatórios e no auxílio ao contato com alguns ministros em determinados casos.

Com a saída de Ézio Pires, em 1995, assume o cargo o jornalista Irineu Tamanini, que foi assessor de imprensa no Tribunal Superior Eleitoral (TSE) na primeira eleição para presidente da República do período democrático, após a ditadura militar, em 1989. Tamanini era jornalista de esporte, tendo migrado depois definitivamente para política, com atuação no *Correio Brasiliense*, na Empresa Brasi-

---

65 Os servidores mencionados eram: Pedro Luiz da Silva e Francelina Alvarenga Lopes. Segundo relatório do próprio STF, ambos atuavam na clipagem, sendo que cabia também a Pedro Luiz da Silva o registro fotográfico de sessões solenes, visitas de autoridades etc.

66 Atividade basilar nas Assessorias de Imprensa e Comunicação, o que se chama de "clipagem" é um anglicismo, um termo vindo da palavra "clipping", usada para designar a leitura, o mapeamento, o recorte e a organização das matérias que saem na imprensa e sejam relativas a determinado assunto, pauta ou indivíduos que sejam acompanhados pela Assessoria. Serve para que se verifique o que sai na imprensa de relativo ao assessorado, em quais espaços e sob quais aspectos valorativos.

leira de Notícias[67] e na Radiobrás. Sua atuação na cobertura de política remonta ao governo de João Batista Figueiredo (1979-1985). Ao assumir como Assessor de Imprensa do STF, em junho de 1995, a convite do então presidente do Tribunal, ministro Sepúlveda Pertence, Tamanini implementa uma série de mudanças na estrutura e na organização da Assessoria de Imprensa. O destaque fica com o aumento de profissionais, cujo número saiu de três para dez: além do assessor de imprensa e dos dois auxiliares administrativos, o setor passou a contar com mais uma pessoa de apoio, uma secretária, um cinegrafista, um fotógrafo, um operador de áudio[68] e dois jornalistas profissionais destinados à cobertura dos julgamentos em plenário, nas turmas, e ao acompanhamento das demais atividades institucionais do STF e do presidente do Tribunal[69].

Outra mudança importante a ser considerada é que, a partir de 1995, a Assessoria passa a se desvincular fisicamente da sala onde os jornalistas setoristas trabalhavam diariamente cobrindo o Supremo. Com o aumento do quadro, em 1995, o setor se muda para o 20 andar do prédio e os jornalistas passam a ter um ambiente próprio para a sua atividade, com cadeiras, mesas e alguns equipamentos da rotina de trabalho, como máquinas de fax, computadores etc. Ali se iniciava o que se convencionou chamar de Comitê de Imprensa do Supremo, local de trabalho próprio dos setoristas até hoje. Formalmente, não há nenhuma portaria, ato regulamentar ou qualquer outro documento que formalize o Comitê dentro da estrutura do STF, mas seu espaço é basilar na rotina de trabalho de quem cobre o Tribunal. Vale destacar que, em 28 de agosto de

67 A Empresa Brasileira de Notícias (EBN) foi incorporada pela Empresa Brasileira de Comunicação (Radiobrás) e posteriormente extinta, quando, em 1989, foi criada a Agência Brasil.

68 O operador de áudio não ficava sempre no setor, atuando esporadicamente quando havia necessidade de gravação no pequeno estúdio de áudio criado na Assessoria. À época, a grande produção sonora relativa ao Supremo era pertinente ao espaço do Tribunal no programa “A voz do Brasil”.

69 As informações sobre a estrutura do setor foram obtidas através do depoimento de Irineu Tamanini, assessor de imprensa de 1995 a 1997, e complementadas por outros profissionais que atuaram na assessoria à época, como o cinegrafista Evori Gralha e a secretária Maria Valda de Souza.

2018, em cerimonial do STF, a sala do Comitê de Imprensa passou a se chamar formalmente de "Espaço de Imprensa Ministro Teori Zavascki"[70].

Além do aumento de pessoas trabalhando e do espaço físico próprio para o setor, uma série de novas rotinas de trabalho começou a ser implementada por parte da assessoria, a partir de 1995. Podem ser citados como exemplos: a confecção de *releases*[71], o envio de informações aos colunistas, a cobertura por parte dos jornalistas do Tribunal das sessões do plenário e das câmaras, o acompanhamento de processos no protocolo e nos bastidores do Tribunal para ver o que gerava pauta ou podia ser repercutido pela imprensa. Nesse momento, em 1995, há uma significativa modernização da assessoria, que passa a utilizar, na rotina interna do Supremo, práticas correntes nas assessorias mais desenvolvidas dos setores público e privado, e mesmo nas redações dos veículos de comunicação. Essa avaliação é feita pela maioria dos jornalistas entrevistados que cobriam o Supremo naquele momento, corroborando a interpretação do período de 1995 a 1997, sob o comando de Irineu Tamanini, como um importante marco na criação de uma assessoria com um padrão profissional de atuação no Supremo.

Um exemplo significativo dessas mudanças é a implementação, ainda que numa escala pequena, dos serviços de fotografia e filmagem, além da criação de um pequeno estúdio de áudio. Então, passaram a ser produzidas imagens para a cobertura de eventos internos do Supremo, o registro do plenário, além da disponibilização de fotografias para veículos de imprensa que solicitassem. O mesmo acontecia com as imagens em movimento. O cinegrafista Evori Gralha captava trechos das sessões dos julgamentos em uma

70 Ver detalhes em: <https://portal.stf.jus.br/noticias/verNoticiaDetalhe.asp?idConteudo=388194&ori=1> e <https:// blogs.oglobo.globo.com/lauro-jardim/post/amp/o-vaivem-com-o-letreiro-teori-zavascki-no-stf.html>. Acesso em: 14 fev. 2019.

71 Texto feito por assessorias de imprensa e outros órgãos de divulgação, sendo estruturado de forma sintética e objetiva para informar o resumo de uma ação e/ou principais características de um produto e/ou evento para ser enviado a jornalistas e redações, com a intenção de gerar interesse e fazer com que o assunto abordado no *release* seja coberto pela imprensa. Ver nota nº 119.

câmera Betacam e disponibilizava as imagens para as emissoras de televisão interessadas[72].

Tamanini atuou como assessor até maio de 1997, sendo substituído pelo também jornalista Alberto Coura, que, nomeado pelo ministro Celso de Mello, ficou no cargo até 1999. Coura tinha, em seu currículo, a atuação como repórter profissional em Brasília, trabalhando especialmente como editor da antiga Radiobrás, hoje Empresa Brasileira de Comunicação (EBC). De forma prática, as rotinas da assessoria de imprensa seguiram as mudanças implementadas por Tamanini. Do ponto de vista organizacional, há uma mudança em 1998. O cargo de assessor de imprensa do Supremo passa a ser designado de "secretário de imprensa", como disposto no Ato Regulamentar nº 30[73]. Pela mesma mudança, há uma nova organização burocrática, com a Assessoria de Imprensa passando a ser uma Secretaria

Outro ponto a ser observado é o acréscimo no número de profissionais da Assessoria. De acordo com Coura[74], de 1997 a 1998, o setor passou a contar com: uma secretária, um cinegrafista, um auxiliar de cinegrafista, três jornalistas cobrindo os julgamentos e outros eventos, uma advogada que auxiliava nas dúvidas jurídicas, dois editores de texto, um operador de áudio, três auxiliares no trabalho de clipagem[75] e um fotógrafo — isso, é claro, além do próprio assessor. Num total, pelo depoimento de Alberto Coura, 15 pessoas estavam lotadas na Secretaria de Imprensa.

---

72 Informações obtidas pelos depoimentos de Irineu Tamanini, Evori Gralha e Maria Valda de Souza.

73 Ato Regulamentar nº 30, de 15 de abril de 1998, especifica as modificações na organização interna do Supremo, tendo como ensejo a Lei nº 9607, de 18 de fevereiro de 1998, que cria, transforma e extingue cargos e funções no Quadro de Pessoal da Secretaria do Supremo Tribunal Federal e dá outras providências.

74 Entrevista concedida à autora, para fins desta pesquisa, por Alberto Coura, via telefone, em 7 de janeiro de 2019.

75 Vale destacar que o Supremo tinha acesso a duas clipagens: uma geral, que vinha da EBC e, além de ser encaminhada ao presidente da República, também era cedida ao Tribunal, e outra, específica, que era feita internamente e tinha seu foco centrado nas atividades do STF e dos ministros.

No que diz respeito às atividades desenvolvidas, um dado interessante é que, no período, a seção do programa "A voz do Brasil" destinada ao STF passou a ser gravada em um pequeno estúdio de áudio interno. Além disso, há o incremento dos dois editores de texto. Além das sessões plenárias, os jornalistas do setor passaram também a cobrir as turmas, ainda que em momentos de demanda específica. A presença de uma advogada tirando dúvidas jurídicas e ajudando na tradução de termos técnicos, junto a uma linguagem trazida da rádio por Coura, deu o tom da composição de notícias escritas para o *site* de forma mais direta e objetiva.

Após a saída de Alberto Coura, em 1999, assume a Secretaria o também jornalista Armando Cardoso, nomeado pelo ministro Carlos Velloso, que permaneceu no cargo de maio de 1999 até maio de 2001. Cardoso também gera implementos e, apesar de a Secretaria de Imprensa voltar a se chamar Assessoria de Imprensa, há o estabelecimento de subdivisões específicas por área de atuação. As seções de 1) Pesquisa e Redação, 2) Imagem e Som e 3) *Clipping* são criadas pelo Ato Regulamentar no 32[76] e demonstram como o setor desenvolveu sua *expertise* em atividades diversas. O quadro pessoal também aumenta, o número de fotógrafos chega a três e ocorre uma ampliação no número de jornalistas (seis, no total, incluindo um assessor-adjunto e uma coordenadora de texto). Há também o que foi denominado por Cardoso como uma pequena TV "interna" do Supremo, que consistiria na disponibilização de algumas imagens na Intranet do Tribunal. Ao fim de 2001, quando Renato Parente assume a Assessoria de Imprensa, o quadro de profissionais atingia o número de 27[77] em sua totalidade.

Convidado para assumir o cargo pelo então presidente do Supremo, ministro Marco Aurélio, Renato Parente torna-se assessor-chefe da Assessoria de Imprensa em junho de 2001, permanecendo por dois mandatos — o que incluía, além da gestão do próprio

---

76 O Ato Regulamentar nº 32, de 7 de março de 2001, altera a estrutura orgânica do Supremo Tribunal Federal e dá outras providências.

77 Dado confirmado em entrevista concedida à autora para fins desta pesquisa por Renato Parente, por telefone, em 15 de janeiro de 2019.

Marco Aurélio, a do presidente subsequente do Tribunal, ministro Maurício Corrêa. Assim, Parente fica no comando da Assessoria de Imprensa do Supremo até 2004, deixando o setor já em outro nível de organização. Primeiro, em 2002, o setor se reorganiza pelo Ato Regulamentar nº 33[78], de 18 de dezembro de 2002, passando a ser dividido nas seguintes seções: 1) Pesquisa e Redação; 2) Áudio e Vídeo; e 3) *Clipping*. A nova estrutura dá conta das mudanças relativas à criação da TV Justiça, instituída pela Lei 10.461[79], de maio de 2002. À época, o setor passou de 27 a 60 pessoas, em especial por conta da programação da TV.

Em 2004, ainda na gestão de Parente, desta vez com Maurício Correia como presidente do Tribunal, há uma nova mudança, em virtude da criação da Rádio Justiça[80], que começou sua transmissão em maio de 2004. O Ato Regulamentar nº 1[81] cria a Secretaria de Comunicação Social com as seguintes coordenadorias: 1) Rádio e Televisão, subdividida em uma seção de Áudio e Vídeo; 2) Imprensa, subdividida em duas seções, que são 2.1) Pesquisa e Redação e 2.2) Clipping. Diante da nova organização, com uma estrutura servindo de base à TV e também à Rádio, a Secretaria de Comunicação passa a ter 80[82] pessoas em seu quadro.

A Rádio, e em especial a TV, são marcos na profissionalização da comunicação do STF, inclusive gerando um aumento no seu quadro pessoal, conforme indicado. Além delas, contudo, outras

78 O Ato Regulamentar nº 33, de 18 de dezembro de 2002, altera a estrutura orgânica do Supremo Tribunal Federal e dá outras providências.

79 A Lei 10.461/2002, que prevê a criação da TV Justiça, foi sancionada pelo ministro Marco Aurélio, quando exerceu interinamente a Presidência da República durante viagem oficial do então presidente da República, Fernando Henrique Cardoso (1994-2002).

80 A Rádio Justiça entrou no ar em maio de 2004, operando na frequência de 104.7, em Frequência Modulada (FM). Há um *site* específico para a Rádio no seguinte endereço: http://www.radiojustica.jus.br

81 O Ato Regulamentar nº 1, de 25 de junho de 2004, altera dispositivos do Regulamento da Secretaria.

82 Dado foi informado em entrevista concedida à autora, para fins desta pesquisa, por Renato Parente, via telefone, em 15 de janeiro de 2019. Contudo, Parente fala que a Secretaria tinha cerca de 80 pessoas à época, não precisando o número. A pesquisa tentou checar, no setor de Arquivo do Supremo, alguma documentação que confirmasse a informação, mas não havia registro nesse sentido.

mudanças instituídas de 2001 a 2004 devem ser registradas, como a terceirização do *clipping*, o que gerou o aproveitamento dos profissionais do setor em outras tarefas, e a observação estrita de que as decisões do Tribunal, no plenário e nas turmas, deveriam ser informadas no site em tempo real. Assim, passou a não haver nenhum *delay* entre as notícias disponíveis na página do Supremo e as pautas cobertas pelos setoristas para seus respectivos veículos. Tal mudança teve um efeito significativo, já que não era preciso mais esperar a veiculação pelos veículos de imprensa para saber as decisões do Supremo em tempo real. Com isso, o trabalho de cobertura, para se destacar em relação ao factual, começou a intensificar análises e avaliações de bastidores.

Agora, vejamos o aumento de profissionais no setor em um gráfico ano a ano, de 1988 a 2004, percebendo um ressalto significativo a partir de 2002 até 2004, com a criação da TV Justiça e da Rádio Justiça.

Na descrição do desenvolvimento da profissionalização da comunicação do Supremo Tribunal Federal, é importante ter uma noção de conjunto, aqui exposta no seguinte resumo composto pelos dados qualitativos e quantitativos, já mencionados, dentro do recorte temporal da pesquisa, de 1988 a 2004.

Figura 7 — Quadro de pessoal na comunicação do STF

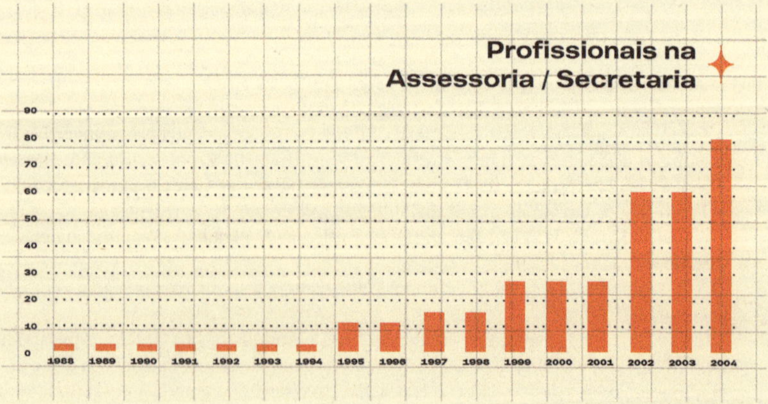

Fonte: Elaboração própria a partir de dados da pesquisa de campo.

Figura 8 — Desenvolvimento da comunicação no STF

Período	Desenvolvimento	Pessoal
1988 - 1995 Assessoria de Imprensa	- Um assessor e dois auxiliares administrativos - Sem releases e produtos editoriais, informativos - Sem acompanhamento processual	3 PESSOAS
1995 - 1997 Assessoria de Imprensa	- Assessoria passou a contar com cinegrafista, fotógrafo e operadir de áudio - Envio de imagens a jornais e TVs que solicitassem - Dois jornalistas profissionais começaram a fazer a cobertura das atividades do tribunal - Início do acompanhamento processual sobre casos relevantes e de maior repercussão - Envio de reçeases de redações, notícias a colunistas e outros informes - Início do comitê de imprensa - Criação do sistema de som interno no comitê de imprensa - STF passa a ter espaço na programação de "A Voz do Brasil" (roteiro feito no STF e gravação na Radiobrás)	10 PESSOAS
1997 - 1999 Assessoria de Imprensa	- Três jornalistas passam a fazer a cobertura interna do Supremo - Uma advogada passa a auxiliar nas questões jurídicas - A programação do STF em "A Voz do Brasil" passa a ser gravada no STF - De assessoria de imprensa, torna-se Secretaria de Imprensa - Editores específicos para as notícias do site - Notícias do site de uma maneira mais objetiva e menos jurídica - Informes à imprensa pelo site (fim do envio de releases) - Início da cobertura das turmas, ainda que em momentos específicos	15 PESSOAS
1999 - 2001 Assessoria de Imprensa	- Retorna à nomenclatura de assessoria, mas a estrutura maior permanece, inclusive com setores específicos - Divisão nas seguintes seções: 1 - pesquisa e redação; 2 - imagem e som; e 3 - clipping - "TV" interna do STF (inclusão de um cinegrafista auxiliar, veiculada na Intranet de forma rudimentar) - Ampliação da clipagem (inclusive no fim de semana) - Reformulação do setor de fotografia (3 fotógrafos) - Ampliação no número de jornalistas (6 ao total, incluindo um assessor adjunto e uma coordenadora de texto)	27 PESSOAS
2001 - 2004 Secretaria de Comunicação Social	- Criação da TV Justiça - Criação da Rádio Justiça - Incremento da atualização de notícias no site (tempo real) - Terceirização da clipagem - Em 2002, torna-se Secretaria de Comunicação com a divisão das seguintes seções: 1 - Pesquisa e redação; 2 - Áudio e vídeo; e 3 - Clipping - Em 2004, a Secom passa por uma nova reformulação, com um organograma que passa a incorporar a TV e a rádio - Em 2004, divisão nas seguintes coordenadorias: 1 - Rádio e televisão (1.1 - seção de [audio e vídeo) e 2 - Imprensa (2.1 - Seção de pesquisa e redação e 2.2 - Seção de Clipping) * Aumento de pessoal relativo à TV Justiça / ** Relativo à Rádio Justiça, números aproximados.	80 PESSOAS * 2001 - 2005 (60 PESSOAS) ** 2004 (80 PESSOAS)

Fonte: Elaboração própria a partir de dados da pesquisa de campo.

O desenvolvimento da comunicação do Supremo, com o aporte na sua burocratização relativa à *expertise* da área no manuseio de fotografias, áudios, vídeos e textos, além do próprio trabalho de ponte com a imprensa, segue um movimento próprio do aparato estatal, mas que, claro, toca o movimento da cobertura. Cada um em seu fluxo, que se encontra em uma dinâmica comunicacional própria. Nesse sentido, é importante observar que, de certa forma, o que acontece no Supremo dos anos 1990 e 2000 é um processo de burocratização, abertura e organização da comunicação semelhante ao que ocorreu no Executivo nos anos de 1970 e 1980.

A Assessoria de Comunicação no Brasil teve um crescimento vertiginoso a partir de 1964, tendo como foco a atuação nas Relações

Públicas e na Assessoria de Imprensa, embora essas áreas ainda se ligassem a uma atividade mais administrativa do que midiática. A partir de 1968, a atividade passou a ganhar contornos próprios, em especial no que se refere à assessoria para o setor público, que foi bastante fomentada durante a ditadura militar. Um marco na área foi a criação da Assessoria Especial de Relações Públicas da Presidência da República (AERP), que tinha *status* de superministério e funcionou de 1968 a 1974. A partir da AERP, criou-se um modelo comunicacional que se estendeu por outros órgãos do Estado. O I Seminário de Relações Públicas do Executivo, realizado de 30 de setembro a 5 de outubro de 1968, foi o primeiro grande vetor a propagar uma ideia de comunicação pública estatal unificada em um modelo que acabou sendo insulado na burocracia estatal. O seminário contou com a participação de 16 ministérios, da Agência Nacional, das estações oficiais de rádio e do Instituto Brasileiro de Opinião Pública e Estatística (CHAPARRO, 2011).

Em 1988, com a proclamação da carta constitucional do recente período democrático e, no ano seguinte, com a primeira eleição direta para presidente da República depois da ditadura militar, o Executivo, por exemplo, já possuía um aparato de comunicação que era bem mais expressivo e organizado. Archibaldo Figueira (1974), ex-integrante da Assessoria de Imprensa do Ministério do Planejamento e Coordenação Geral, publica um artigo na *Revista do Serviço Público* no qual aborda a estratégia de comunicação do governo e enumera alguns pontos que destacamos:

1. Aperfeiçoamento do Sistema de Comunicação Governamental, principalmente através da melhoria do *status* do Assessor de Imprensa, em função do reconhecimento de se tratar de atividade altamente especializada;
2. Real aparelhamento das Assessorias, tanto em termos de pessoal como de equipamento;
3. Verdadeira integração das Assessorias e a sua subordinação a um órgão central, nos moldes do Sistema Nacional de Planejamento;

4. Transformação da Agência Nacional[83] numa grande e única central de informações para os veículos de massa;
5. Adoção de pesquisas de comunicação e métodos de constante avaliação pelos órgãos setoriais, que cuidariam, também, de facilitar, de todas as maneiras, o acesso dos veículos de massa às informações, resguardados os aspectos relativos à segurança nacional (FIGUEIRA, 1974).

Aqui não nos cabe adentrar no sentido da comunicação pública praticada no governo de Emílio Médici (1969-1974), com todas as ressalvas e contestações necessárias aos mencionados "aspectos relativos à segurança nacional". Contudo, vale lembrar que não à toa a concepção de "comunicação pública", a qual foi difundida a partir dos anos 1970, ficou de tal forma atrelada à ditadura militar, que exigiu, a posteriori[84], um esforço dos profissionais e estudiosos da área em reformular sua aplicação e semântica. Hoje, a comunicação pública é trabalhada na literatura difundida no Brasil dentro de uma perspectiva de estímulo ao diálogo e à troca de informações, próprias da democracia.

Porém, à parte do debate conceitual, o fato é que a organização estatal relativa à comunicação do Executivo já era bem mais robusta e tinha preocupações com um aparato profissional que só che-

83 A Agência Nacional era um órgão vinculado ao Ministério da Justiça e Negócios Interiores. Em 1967, a Agência passa a compor o Gabinete Civil da Presidência. No ano seguinte, em 1968, pelo Decreto nº 62.119, mantém-se vinculada ao Gabinete Civil, com a finalidade de "[...] exercer atribuições informativas, cabendo-lhe noticiar, fotografar, filmar, gravar, irradiar, televisionar e publicar atos e fatos da vida oficial brasileira, bem como acontecimentos cuja focalização interesse à divulgação do Brasil e sirva à cultura nacional" (BRASIL, 2019, p. 2).

84 Atualmente, há outras concepções de comunicação pública embasadas em literatura específica da área, incluindo comparativo com a prática em outros países. Entre essas concepções, hoje, no Brasil, tem grande destaque o pensamento do francês Pierre Zémor, que, em 1995, publicou o livro La communication publique, definindo-a como um processo de informação voltado para a esfera pública. Na literatura nacional, destaca-se a produção de Graça Monteiro e Jorge Duarte, que trabalham em uma concepção de comunicação pública atrelada ao debate e à troca de informações. Sobre Pierre Zémor, além da bibliografia do próprio autor, destaca-se o artigo de Bessières (2009), "La définition de la communication publique: des enjeux disciplinaires aux changements de paradigmes organisationnels".

gou ao Judiciário nos anos 1990. Destaca-se que, em 1968, a Agência Nacional já tinha atribuições de informar, fotografar, filmar etc., que só se iniciam no Supremo Tribunal Federal, em 1995, a partir da Presidência do ministro Sepúlveda Pertence, com Irineu Tamanini como assessor de imprensa.

Assim, há algo nesse movimento interno de burocratização da comunicação do Judiciário que é próprio do âmbito estatal, no sentido de um aparelhamento diante das novas demandas, em especial após a Constituição Federal de 1988. Contudo, a criação de uma assessoria de imprensa, ainda que com características de um movimento próprio, ao se relacionar com a cobertura, cria uma dinâmica comunicacional. É nesse ponto que continuamos nossa incursão sob o argumento central de que o novo desenho institucional do STF, combinado com mudanças históricas e conjunturais, impulsionou uma política da comunicação da instituição.

Jornalistas setoristas: a cobertura por dentro do Supremo

Se, por um lado, a comunicação do Supremo teve um expressivo desenvolvimento, cabe-nos observar em que termos a cobertura se comportou no mesmo período. Para tanto, foi preciso construir o dado a partir da garimpagem das entrevistas feitas para a pesquisa e de diversas outras fontes. Assim, dispomos a informação em um gráfico que mostra a evolução ano a ano dos veículos com setoristas no Supremo e percebemos que há um aumento paulatino da cobertura do Supremo.

Como é possível ver no gráfico, há duas categorias de jornalistas setoristas, os que chamamos de *fixos* e os que chamamos de *volantes*. Por exemplo, em 1988, *O Estado de S. Paulo*, *O Globo*, *Correio Brasiliense*, *Radiobrás* e *Jornal do Brasil* tinham setoristas fixos no Supremo, os quais, diariamente, acompanhavam as sessões e a movimentação dos casos considerados mais relevantes. À época, a *Folha de S. Paulo* tinha um repórter destacado para cobrir o Supremo, mas que só ia esporadicamente, nesse trabalho denominado de setorista *volante*. O jornal só passou a ter um setorista fixo em 1996.

Figura 9 — Veículos com jornalistas setoristas no STF

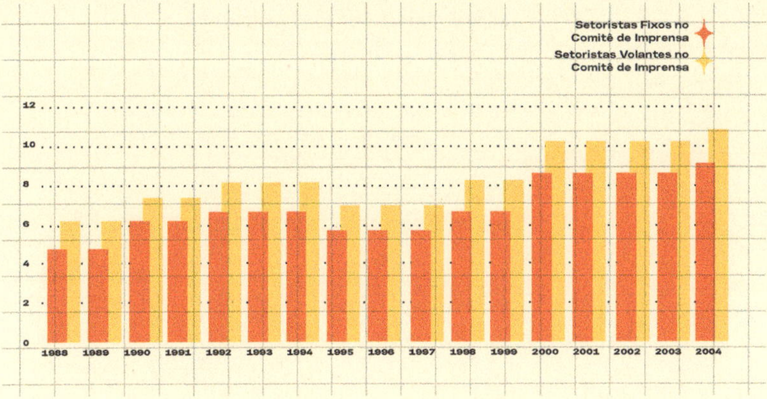

Fonte: Elaboração própria a partir de dados da pesquisa de campo.

A existência de setoristas fixos e volantes é um dos indicativos das nuances da cobertura que necessitam de explicação. A questão é aqui levantada apenas como um indício para pontuar os matizes na relação entre a cobertura do Supremo e o desenvolvimento da comunicação do Tribunal, o que denominamos de *dinâmica comunicacional*.

Em todo caso, vale estabelecermos como critério de comparação o aumento quantitativo de profissionais na comunicação do Supremo e dos jornalistas setoristas, fixos e volantes, que fazem a cobertura do Tribunal para visualizarmos uma relação objetiva entre o desenvolvimento da Assessoria de Imprensa, que migra para Secretaria de Imprensa, e a cobertura jornalística que, por sua vez, começa a aumentar numericamente em termos de profissionais, bem como de diversificação dos veículos.

Ao verificarmos o desenho do gráfico em linhas com o comparativo entre o aumento do número de pessoas na comunicação do Supremo e de veículos com setorista que fazem a cobertura do Tribunal, aparentemente, não nos parece haver correspondência entre os dois movimentos. Esse primeiro olhar para o dado quantitativo se mostra visualmente contundente a refutar uma ideia de

Figura 10 — Comparativo do aumento do quadro profissional da comunicação no STF e dos veículos* com setoristas fixos e volantes no Comitê de Imprensa do Supremo

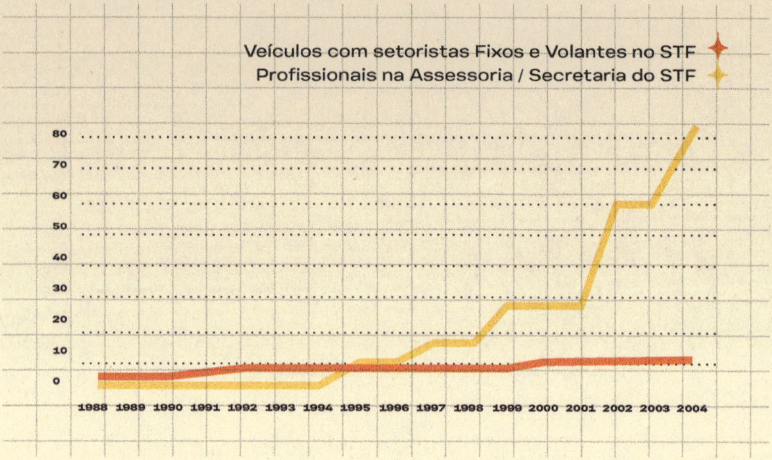

Fonte: Elaboração própria a partir de dados da pesquisa de campo.

correspondência entre os movimentos interno (de desenvolvimento da comunicação do Supremo) e externo (da cobertura).

Os dados quantitativos são importantes, mas ao fazermos uma análise qualitativa detalhada, verificamos que há, sim, uma relação entre o desenvolvimento de uma comunicação do Supremo, na construção de uma política de comunicação, e a cobertura do Tribunal.

Ao olhar apenas os dados quantitativos, não é possível ver, mas aos poucos vai surgindo, na cobertura do STF, uma maior diversidade de veículos com jornalistas setoristas. Se desde os anos 1980 o Supremo era coberto por tradicionais veículos impressos como *O Globo*, *O Estado de S. Paulo* e *Correio Brasiliense*, a partir dos anos 2000 uma diversidade de tipos de veículos passa a fazer parte da rotina do Tribunal. Por exemplo, em 2001, a *TV Globo* começa a ter um profissional fixo na cobertura, em 2000, surge o *site Panorama Brasil* e, em 2004, é a vez do *ConJur*.

Em um movimento semelhante, o quadro comparativo entre o número de pessoas na assessoria e na cobertura expõe um salto numérico, especificamente de 2001 a 2003 e, depois, de 2003 a 2004, períodos que compõem as mudanças necessárias para o incremento da TV Justiça e da Rádio Justiça respectivamente. Ou seja, os dados quantitativos nos dão uma pista dessa dinâmica comunicacional, mas é preciso ver em detalhes como se estabelece essa relação a partir de uma análise qualitativa.

O gráfico a seguir, por exemplo, demonstra as mudanças na cobertura quando vemos o crescimento dos veículos com jornalistas setoristas que cobrem o Supremo em uma representação por tipos de veículos. O aumento no número de veículos e de sua diversidade que se verifica como tendência ao longo da década de 2000 aparece claramente no gráfico até 2004.

Neste ponto, vamos nos ater à cobertura para salientar três aspectos relevantes que explicam a aparente discrepância no crescimento da comunicação do Supremo e na cobertura por parte dos setoristas. Se já expusemos um aspecto relativo à própria burocracia estatal, no item anterior, detalhando o desenvolvimento da assessoria de imprensa/comunicação no próprio Supremo, agora, cabe-nos observar aspectos próprios da cobertura para perceber de que forma esses dois movimentos se encontram.

Ao tomarmos como parâmetro o gráfico em linhas com o aumento de profissionais na comunicação do Supremo e dos veículos com setoristas fixos e volantes, sob o ponto de vista da cobertura, há pontos fundamentais para que vejamos que a cobertura do Supremo "cresce" mais do que o gráfico em si nos faz enxergar. É a análise qualitativa que nos mostra três aspectos desse crescimento não vistos num primeiro plano. É esta a tríade de pontos a ser considerada:

1. A cobertura que permanece com um formato fincado na atuação dos setoristas;
2. A cobertura exclusiva do Supremo frente a outros tribunais e instituições do Sistema de Justiça;
3. E o próprio crescimento da cobertura, com uma diversidade de veículos, quando o mercado jornalístico sofre retração.

Figura 11 — Cobertura do STF por tipo de veículo

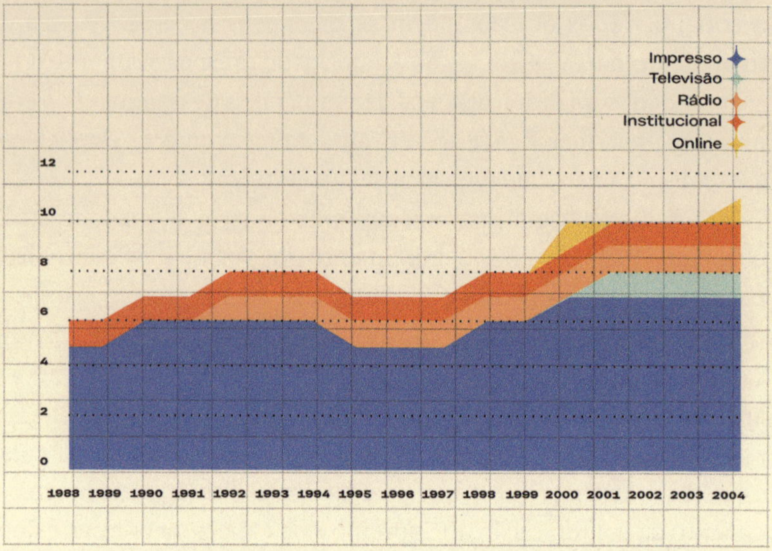

Fonte: Elaboração própria a partir de dados da pesquisa de campo.

Vamos, então, detalhar cada ponto, a começar pelo primeiro, relativo à cobertura, que permanece com um modelo alicerçado na figura dos setoristas. Nos anos de 1980 e mesmo na virada para a década de 1990, quando a democratização brasileira caminhava diante do primeiro presidente eleito após a ditadura militar, do processo de *impeachment* e das inseguranças políticas desse processo político, era comum se ter jornalistas setoristas em Brasília, inclusive em ministérios das mais diversas áreas de atuação do Executivo e ainda no Legislativo. A realidade muda ao longo dos anos 1990 e a manutenção de um setorista no Supremo representa um ganho que apenas a análise quantitativa não mostra. Permanecer como uma instituição com setoristas quando isso passa a desaparecer em diversas instituições políticas representa um ganho não medido de forma numérica. A fala de Layrce Lima[85], que atuou

85 Layrce Lima hoje é servidora do quadro do Ministério Público do Trabalho, atuando nessa instituição na área de comunicação. De 1990 a 1994, foi correspondente do jornal *O Estado*

como setorista e, depois, compôs o quadro de profissionais na comunicação do Supremo, é esclarecedora neste sentido:

> Naquela época, tinham comitês de imprensa no Ministério da Justiça, no Ministério das Relações Exteriores, no Planalto, no Supremo — que cobria todo o Judiciário e TCU —, no Congresso, Câmara e Senado, Ministério da Saúde, no Ministério da Educação, Transportes... Quase todos os ministérios tinham setoristas, jornalistas lá dentro cobrindo. Mas a diferença é que, com a informatização, os ministérios do Executivo diminuíram os comitês de imprensa. Hoje em dia você quase não vê os comitês de imprensa: no MEC (Ministério da Educação), não tem mais; na Saúde, não tem mais setorista lá dentro; na Justiça, acho que também não tem mais, tem uns jornalistas que vão lá quando é preciso. Nos Tribunais, permaneceram. A importância dos Tribunais, da cobertura dos Tribunais só permaneceu. (Informação verbal).[86]

Atualmente, no Executivo, apenas as instituições da área econômica permanecem com setoristas. Nesse sentido, pensando em um comparativo com o Judiciário, vemos a relevância política da Justiça, em especial do STF, que continua e cresce com seu Comitê de Imprensa exatamente por ser um Tribunal que gradativamente vai se tornando um *player* importante nas decisões políticas. Outro aspecto relevante é a natureza da cobertura que se relaciona ao fato de que o quadro de ministros é muito mais perene do que dos agentes que compõem ministérios e secretarias do Executivo.

Tal configuração mais estável associada às próprias características de um Poder mais fechado, como denota a clássica imagem do juiz que só "fala nos autos", presente, em especial, nos anos de abertura democrática, cria condições para que apenas com uma relação mais estreita entre a fonte (seja ela institucional, via assessoria, ou pessoal, direta com os magistrados) e o jornalista se con-

---

de Minas, trabalhando como setorista no Supremo. Em 2000, cobriu brevemente o Tribunal pelo *site* Panorama Brasil e, entre 2000 e 2003, cobriu esporadicamente o STF, fazendo a cobertura mais cotidiana de outros tribunais, como o STJ. Entre 2010 e 2014, foi coordenadora-adjunta de comunicação do Supremo, atuando também como coordenadora de comunicação e coordenadora da TV Justiça em espaços de tempo distintos nesse hiato de quatro anos.

86 Entrevista concedida à autora para fins desta pesquisa por Layrce Lima, pessoalmente, em Brasília, em 4 de abril de 2018.

sigam informações de bastidores, informes sobre tendência de votos, explicações mais detalhadas sobre determinados julgados etc. Investir em setoristas sempre foi algo imprescindível na cobertura da cúpula do Judiciário. Assim, ratifica-se o ponto sobre a permanência dos setoristas, e seu crescimento aparentemente pequeno é mais significativo do que se pode supor numa avaliação apenas guiada pelos números.

O segundo ponto, como mencionado, é relativo à cobertura exclusiva do Supremo frente a outros tribunais e instituições do Sistema de Justiça. Na transição dos anos 1980 para os anos 1990, mesmo havendo apenas cinco setoristas fixos e um volante, o Supremo era usado como base para a cobertura de todos os Tribunais Superiores e órgãos com os quais este mantinha ligação, tais como Tribunal Superior Eleitoral (TSE), Tribunal Superior do Trabalho (TST), Tribunal Superior Militar (TSM), além da Procuradoria-Geral da República (PGR) e mesmo do Tribunal de Contas da União (TCU), que é órgão auxiliar do Legislativo, mas que, por conta do linguajar e dos trâmites jurídicos, era colocado na "cota" dos setoristas do Judiciário. O Supremo era o cerne da cobertura, mas não era o seu ponto exclusivo. Ana Paula Macêdo[87] que foi setorista pelo jornal *O Globo* durante os anos 1990, explica a rotina de trabalho:

> A gente não cobria só o Supremo, a gente cobria todo o Judiciário. A gente tinha a base no Supremo, a gente ficava nessa salinha do Supremo, mas a gente cobria STJ, a gente cobria TST, a gente cobria Procuradoria-Geral da República. Tudo que envolvesse Judiciário, a gente cobria. A gente cobria até TCU, que não é Judiciário, mas é tribunal e tal, e a gente cobria também. Mas o foco, a atenção, a prioridade, sempre foi o Supremo Tribunal (Informação verbal).[88]

---

87 Ana Paula Macêdo hoje é editora de Mundo, Saúde, Ciência e Tecnologia do jornal Correio Brasiliense, mas cobriu o Supremo Tribunal Federal, de 1992 a 1999, pelo jornal O Globo.

88 Entrevista concedida à autora, para fins desta pesquisa, por Ana Paula Macêdo, pessoalmente, em Brasília, em 5 de abril de 2018.

André Ardens[89], que cobriu o Supremo de 1992 a 1995 pela rádio CBN, confirma a jornada de cobertura pelas diversas instituições jurídicas:

> Foi, mais ou menos, em meados de 1992, quando as próprias questões envolvendo o Collor, o processo criminal contra ele começou a correr no Supremo. Foi aí que eu comecei a ir para o Supremo. De uma certa forma, eu fui fazendo um trabalho lá — e eu gostava muito desse trabalho, é uma coisa, mais ou menos, pessoal —, eu comecei a tentar fazer uma cobertura, até mesmo para tentar manter, para que eu pudesse ser mantido como setorista ali, eu comecei também a fazer uma cobertura relacionada com os outros tribunais. O STJ, na época, havia também alguns processos na Justiça Federal em relação a essa coisa do Paulo César Farias, do Collor. Então, eu comecei a fazer cobertura também nesses tribunais, no TST, no STJ, no Eleitoral, tudo isso. Eu comecei também a atuar nos outros tribunais, além do Supremo, mas o Supremo era a base de tudo. Era ali na sala, chamada de Comitê de Imprensa — o Ézio Pires era o assessor. Nós ficávamos lá (Informação verbal). [90]

Essa realidade muda por completo cerca de uma década depois. Nos anos 2000, já é possível ver um processo de "exclusividade" em que, dado o volume de trabalho, o setorista do Supremo só consegue fazer a cobertura daquele Tribunal. Em 2000, por exemplo, após uma breve passagem pelo *site* Panorama Brasil, Layrce Lima passa a cobrir o Judiciário pelo jornal *Valor Econômico*. À época, o setorista fixo do jornal no Supremo era o jornalista Juliano Basile. Então, Layrce começou a cobrir o Superior Tribunal de Justiça (STJ), indo esporadicamente ao Supremo quando havia necessidade de um aporte na cobertura do STF. Assim, vê-se que a cobertura do Supremo começa a ter um volume que impõe exclusividade.

O terceiro ponto é interessante porque nos mostra como esse aumento, já dito aqui como enganosamente tímido, reforça a relevância que o Supremo passa a ter no cenário político, porque há um

---

89 André Ardens é hoje servidor do Ministério Público do Trabalho (MPT), atuando como assessor jurídico. Entre 1992 e 1995, foi setorista do Supremo Tribunal Federal pela rádio CBN.

90 Entrevista concedida à autora, para fins desta pesquisa, por André Ardens, via telefone, em 23 de janeiro de 2019.

crescimento da cobertura, com uma diversidade de veículos, quando o mercado jornalístico sofre retração. Assim, o fato de continuar a existir um comitê de imprensa, quando a prática se extingue em vários órgãos, já é um dado relevante. Pensar que há um aumento e uma diversificação dos veículos que o cobrem acentua a avaliação de que o aumento de setoristas fixos e volantes no Supremo é mais relevante do que parece.

Para abordarmos essa questão, é importante ter como parâmetro não só uma tendência atual de retração do jornalismo. Dados do Instituto Verificador de Comunicação (IVC)[91] mostram um saldo negativo dos dez mais importantes jornais brasileiros em circulação em 2018. A redução apontada é de 35.947 exemplares, entre edições impressas e digitais. Os números de hoje, em um escopo temporal fora do recorte da pesquisa, que se encerra em 2004, constituem o marco contemporâneo de uma tendência que, mesmo não sendo linear, vem se colocando há algumas décadas, com a retração do mercado jornalístico no que concerne em especial ao jornalismo impresso.

É nesse sentido que é importante perceber como reverberam, no Comitê de Imprensa do Supremo, as mudanças no mercado jornalístico e, ao contrário das tendências, o Supremo passa a não só ter mais veículos com setoristas como também a diversificar esses veículos. Isso mesmo tendo como cenário o *boom* da informatização dos anos 1990 que, se por um lado, impulsionou a criação de *sites* e portais de notícias, por outro, teve reflexos no esvaziamento das redações dos jornais impressos.

Poliana Ferrari (2006) faz um panorama da época ao lembrar que o primeiro *site* jornalístico do país foi o do *Jornal do Brasil*, criado em maio de 1995, logo seguido pela versão eletrônica do jornal *O Globo*. A Agência Estado, do Grupo Estado, segue para a internet na segunda metade dos anos 1990, acompanhando o movimento dos demais. Aos poucos, abre-se o caminho para portais

91 Ver *link*: <https://www.poder360.com.br/midia/efeito-bolsonaro-bump-foi-timido-e-jornais-tradicionais-perdem-assinantes/>. Acesso em: 14 fev. 2019.

como iG e ZipNet, que contaram com financiamento de capital estrangeiro. "De 1997 até o final dos anos 2000, os grandes *sites* de conteúdo brasileiros, assim como os norte-americanos, miraram sua pontaria na oferta abundante de conteúdo, muito mais voltado ao volume de notícias do que ao aprofundamento da matéria" (FERRARI, 2006, p. 28).

Esse era o cenário da virada para os anos 2000, mas é a própria Ferrari (2003) que adverte sobre o fim da "glamourização" dos portais e da esperança de dinheiro fácil a partir do começo da nova década. Se muitas experiências como essas minguaram, o Supremo começou a ter, entre os seus setoristas, o *site* pioneiro na cobertura jurídica-jornalística, o *Consultor Jurídico* (*ConJur*). Em 2004, o *site*, que é sediado em São Paulo, começou a ter um setorista volante no Supremo e, em 2006, assume uma cadeira cativa no Comitê de Imprensa. Mesmo entre os veículos tradicionais — no caso, os televisivos — começou-se a prestar atenção no Supremo ao longo dos anos 2000. A TV Globo, por exemplo, em 2001, coloca um setorista fixo acompanhando o dia a dia do Tribunal que atua de maneira autônoma em relação ao setorista do jornal *O Globo* (versão impressa). O Sistema Brasileiro de Telecomunicações (SBT), por exemplo, coloca um repórter setorista em 2006. *Sites* como G1 e Terra entram na cobertura em 2008 e 2009, respectivamente.

Nossa pesquisa se encerra no contexto da Reforma do Judiciário, mas os exemplos citados acima mostram como o Supremo passa a atrair diversos veículos de meios distintos. Se a década de 1990 equivale ao início da cobertura do Tribunal, os anos 2000 são o período da sua organização. Como se vê, inclusive pelo aumento da cobertura num cenário não tão favorável, não é confiável avaliar a relevância da presença do jornalismo no STF pela mera amostragem numérica. Se a comunicação interna se alavanca em um quadro pessoal volumoso por conta das mídias das fontes, em especial entre 2001 e 2004, também, de forma menos explícita, os anos 2000 mostram como a cobertura do Supremo cresce e reflete de maneira significativa uma mudança no mercado jornalístico.

A relação entre a assessoria e a cobertura (a dinâmica comunicacional)

De todo o histórico feito até aqui e pelas informações coletadas nas entrevistas, há dois marcos no desenvolvimento da comunicação do Supremo. O primeiro ocorre no período de 1995 a 1997, quando Irineu Tamanini assume como assessor do Tribunal. Além do incremento no quadro de pessoal, bastante significativo à época, Tamanini foi responsável por implementar técnicas de comunicação mais profissionais no STF, como *releases* informativos, acompanhamento de processos que tinham relevância pública, clipagem, cobertura das sessões do Tribunal por jornalistas da Assessoria etc. Uma política de abertura inicial muito calcada na reprodução, na assessoria, das práticas do jornalismo.

Outro marco ocorreu entre 2001 e 2004, na gestão de Renato Parente à frente da comunicação do Tribunal. À época se destacam, sobretudo, uma concepção mais alargada de comunicação, não tão adstrita ao jornalismo, mas que passou a também investir em produtos destinados a um público em geral, neste caso, salienta-se a TV Justiça e a Rádio Justiça.

A maioria dos entrevistados corroboram com os nomes de Irineu Tamanini e Renato Parente nessa delimitação de momentos de virada numa comunicação do Supremo que atendesse a padrões e rotinas mais profissionais. As menções observam, é claro, a questão temporal. Repórteres que cobriam o STF nos anos 1990 referem-se com destaque a Tamanini, os que cobriram nos 2000 remontam a Parente. As colocações levantadas em diversos trechos são aqui representadas na fala de Rodrigo Haidar[92]:

> Você tem dois caras que são fundamentais na cobertura do Judiciário [...]. Um deles é o Irineu Tamanini e o outro é o Renato Parente. Se eu tivesse que colocar dois caras que foram fundamentais para o modelo de cobertura do Judiciário que a gente tem hoje, seriam esses. São os caras que foram com ca-

92 Rodrigo Haidar hoje é editor da Amanuense Livros, mas cobriu o Judiciário por muitos anos, iniciando em 1997, no *site Consultor Jurídico* (*ConJur*), em São Paulo. Em 2008, Haidar se mudou para Brasília acompanhando o Supremo como setorista do Comitê de Imprensa.

beça mais aberta, cabeça de jornalista — apesar da formação do Renato não ser jornalismo, ele é um dos melhores jornalistas que eu conheço, e o Tamanini é outro. Foram dois caras que deram a cara da cobertura do Judiciário que a gente tem hoje. Por quê? Porque o Tamanini foi um dos primeiros que instalou o Comitê de Imprensa e começou a passar notícia de Justiça para os jornalistas; o outro foi o Renato Parente, que instalou a TV Justiça, que é o que a gente conhece hoje, com as sessões do plenário ao vivo etc. Então, são dois caras fundamentais que, para dar um desenho de cobertura de imprensa desse relacionamento, dois caras que ajudaram a moldar o relacionamento do Judiciário com a imprensa na Cúpula, no Supremo Tribunal Federal. São esses dois caras, o Tamanini e o Renato Parente (Informação verbal). [93]

Estes são dois períodos, um nos anos 1990 e outro nos 2000, que marcam momentos distintos do que chamamos do desenvolvimento da comunicação do Supremo e, em consequência, da dinâmica comunicacional, aqui entendida pela relação entre assessoria e jornalistas setoristas. São o que também chamamos de eixos interno e externo, que estabelecem uma relação — um ponto de análise basilar em nossa pesquisa.

De forma precisa, entendemos que a dinâmica comunicacional é relativa à ligação entre a comunicação do Supremo Tribunal Federal e sua cobertura. Isto porque as práticas da assessoria de imprensa/secretaria de comunicação atingem, ao longo dos anos, tanto os veículos com jornalistas setoristas (fixos e volantes), como outros veículos que fazem sua cobertura à distância e, até mesmo, o público em geral, sobretudo a partir do implemento das chamadas mídias das fontes (TV Justiça, Rádio Justiça, por exemplo). Essa é uma dinâmica própria de influências mútuas.

Se já nos debruçamos sobre a organização burocrática e o desenvolvimento da comunicação do Supremo, bem como sobre a cobertura por parte dos setoristas, nos cabe agora entender como esses dois eixos se relacionam e, neste ponto, novamente é preciso matizar as explicações.

---

93 Entrevista concedida à autora para fins desta pesquisa por Rodrigo Haidar, pessoalmente, em São Paulo, em 12 de dezembro de 2017.

Na prática, a assessoria não tem um papel exclusivo no contato entre jornalistas e ministros, mas é em relação a ela que fixamos nosso olhar, em especial nesse momento inicial de burocratização do setor e de instituição de práticas mais profissionais da área. Isto porque, sobretudo, neste período de aprendizado institucional, marcadamente nos anos 1990, a assessoria tem um papel fundamental tanto em criar rotinas de comunicação que facilitem a cobertura do tribunal quanto em criar uma cultura de maior abertura por parte dos ministros. Essa é a tônica deste momento inicial que, na década seguinte, nos anos 2000, será dada pela organização e por um foco mais amplo de atuação.

Mas, para pensar essa dinâmica comunicacional, novamente no esforço de explicar os processos no detalhe, destacamos três aspectos:

a) O papel da assessoria junto aos ministros, servindo de ponte com a imprensa;
b) As práticas instituídas pela assessoria e seu impacto na cobertura;
c) A influência das mídias das fontes tanto na cobertura feita pelos setoristas quanto por aqueles que cobriam à distância e o público em geral.

Os três pontos, de formas diversas, atuam na ampliação do agendamento do Supremo. Como abordamos no primeiro capítulo, é preciso estar na agenda midiática para atingir a pública. A relação entre assessoria e jornalistas, facilitando o acesso à documentos, processos e mesmo a ministros, é uma espécie de "engrenagem miúda" do que se vê na ponta, detectado pelos estudos de representação. Aqui, vamos olhar como o Supremo se mostra, como ele se relaciona com a imprensa.

Vamos abordar as questões relativas ao ponto 1: o papel da assessoria junto aos ministros, servindo de ponte com a imprensa. Nesse sentido, a profissionalização da Assessoria de Imprensa tem efeitos diretos tanto na abertura dos ministros à imprensa quanto na própria cobertura. Como dito, é certo que sempre existiu o contato entre jornalistas e ministros, no cultivo habitual de fontes. Contudo, naquele momento inicial, circunscrito nos anos de 1990, a criação de procedimentos e rotinas profissionais por parte da assessoria teve um impacto significativo porque serviu de esteio para um aprendizado institucional sobre "como" lidar com a imprensa. Vale destacar um trecho da entrevista que Irineu Tamanini[94] concedeu para a pesquisa.

> Por exemplo, eu já tirei ministro da sessão de quarta e quinta. Porque tinha um amigo da Agência Estado, lá em Brasília. Ele me dizia: — olha, eu tô com esse assunto aqui. Eu posso falar com o ministro? Aí eu fui tentar. Fui na sessão, coloquei aquela capinha. Nunca tinha colocado aquela capinha, falei com o ministro, lembro até hoje. Disse: — ministro, preciso que o senhor dê uma saidinha de cinco minutos e atenda a Agência Estado porque se entrar na rede da Agência Estado truncado nós não vamos mais conseguir consertar de jeito nenhum. Ele saiu da sessão e entendeu perfeitamente. A notícia estava toda truncada e ele com as informações conversou que a notícia saiu correta e não deu problema nenhum (Informação verbal).[95]

Os ministros tinham, por certo, questões muito pessoais que influenciavam sua postura junto à imprensa. Mas, nesse sentido, o trabalho da assessoria atuava tanto em tentar mudar alguns hábitos como, sobretudo, criar práticas que facilitassem o acesso à informação. Layrce Lima aborda esse ponto na entrevista concedida à pesquisa:

> Abriu muito porque houve uma troca na assessoria de imprensa e houve uma mudança de vontade política. Com a aposentadoria do Ézio Pires trouxeram do TSE o Irineu Tamanini, que já aplicava no TSE uma política de mais transparência, exatamente sob esse argumento que a gente utilizava no Supremo. A gente também cobria o TSE, então a gente também sabia a diferença de como a gente era atendido no TSE, no STF, no Congresso e nos Ministérios. Onde havia assessoria de imprensa organizada para servir como

---

94 Irineu Tamanini é hoje assessor de imprensa com base no Rio de Janeiro, tendo atuado como repórter do *Correio Brasiliense*, da Empresa Brasileira de Notícias e da Radiobrás. Foi assessor de imprensa do STF de 1995 a 1997. Antes disso, em 1989, foi assessor do TSE. Depois, atuou em diversas outras instituições jurídicas.

95 Entrevista concedida à autora para fins desta pesquisa por Irineu Tamanini, pessoalmente, no Rio de Janeiro, em 12 de novembro de 2018.

ponte a gente conseguia melhores resultados e onde a assessoria de imprensa era organizada para servir como barreira era mais difícil. E o Supremo era muito fechado no começo. O fato de a assessoria de imprensa ser pequena, ter três funcionários e os setoristas ficarem na mesma sala demonstrava a importância que se dava naquele período para a assessoria de imprensa, para o relacionamento com a imprensa (informação verbal).[96]

Layrce Lima complementa:

Se criou uma assessoria de imprensa no segundo andar do mesmo bloco onde a gente ficava e onde ficavam os gabinetes dos ministros e a gente passou a intermediar muito mais as nossas solicitações através da Assessoria de Imprensa e eles começaram a nos municiar de informações básicas: quando vai ser o depoimento da Glória Trevi, não adianta ficar aqui às 9h da manhã que ela só vai chegar às 11h. Até o nosso relacionamento com a segurança do Tribunal melhorou. Porque a segurança não sabia onde a gente devia ou não devia transitar e não deixava a gente andar em lugar nenhum (Informação verbal).[97]

A questão sobre o comportamento mais retraído dos ministros é ainda levantada por Armando Cardoso[98], que foi secretário de imprensa do Supremo de 1999 a 2001, mas cobriu o Tribunal pela CBN no início dos anos 1990:

Acesso ao gabinete era muito difícil, era no mesmo prédio. Era muito difícil, a gente não tinha acesso a isso. Acho que nenhum ministro [...]. Os ministros só começaram, de fato, a falar quando o Irineu Tamanini chegou lá. E depois, graças a Deus, eu sou da mesma escola dele, ele iniciou e eu, de alguma maneira, eu consolidei. Ele chegou lá com o ministro Sepúlveda Pertence e o Pertence é menos conservador, é mais liberal; ele também não era de falar muito, mas já dava algum tipo de informação, 'Tal processo eu vou julgar na semana que vem', pelo menos isso a gente já tinha (Informação verbal).[99]

---

96 Entrevista concedida à autora para fins desta pesquisa por Layrce Lima, pessoalmente, em Brasília, em 4 de abril de 2018.

97 Entrevista concedida à autora para fins desta pesquisa por Layrce Lima, pessoalmente, em Brasília, em 4 de abril de 2018.

98 Armando Cardoso até 2018 era editor da EBC, tendo se desligado na empresa no início de 2019. Foi secretário de imprensa do Supremo de 1999 a 2001, tendo atuado também na assessoria de outras instituições do Judiciário, como TSE.

99 Entrevista concedida à autora para fins desta pesquisa por Armando Cardoso, pessoalmente, em Brasília, em 17 de abril de 2018.

O dado sobre a abertura do Supremo e a posição dos ministros, sua interlocução com a assessoria e mesmo com os setoristas é um dado difícil de mensurar senão pela forma explorativa, com a informação advinda do relato, da entrevista. Contudo, a fala dos entrevistados é corroborada pela série de práticas empregadas a partir de 1995; *releases*, coberturas das seções, serviço de fotografia e filmagem, por exemplo, se converteram em práticas facilitadoras da cobertura. Não só pela informação em si, mas pela disponibilidade de imagens aos veículos que precisavam cobrir *offs*[100], ou mesmo de fotografias para o impresso. Um exemplo mais prosaico de práticas que começaram a fazer parte da rotina da assessoria é dado por Tamanini:

> O que hoje é feito pela internet eu fazia porque tinha umas pastas com os assuntos importantes. O que é assunto importante para nós jornalistas? É aquilo que dá notícia. Então, eu tinha umas pastinhas: caso isso, caso aquilo. Não tinha internet, era tudo incipiente. Então, saia uma decisão, eu botava ali. Eu tinha uma espécie de Google da época. Uma espécie, né? [risos] (Informação verbal).[101]

O relato de Tamanini indica duas questões importantes na análise, a primeira relativa ao entendimento de que a década de 1990 era, de fato, o momento inicial da organização e da comunicação do Supremo, quando se está olhando para um período de aprendizado institucional. O outro ponto é, diante do quadro rarefeito de práticas de comunicação, as primeiras medidas implementadas surtiram efeito direto em algumas rotinas dos setoristas. Russi (2010) coloca que, no final de década de 1990, foram instaladas caixas de som no Comitê de Imprensa e essas caixas eram ligadas ao plenário. Então, a partir desse sistema de som, os setoristas pas-

100 Como se chama em televisão as passagens em que o repórter narra uma cena na qual o próprio repórter não aparece e nem há um entrevistado, precisando de imagens para cobrir o "*off*", em referência ao que não é dito na fala direta por um emissor que apareça no vídeo.

101 Entrevista concedida à autora para fins desta pesquisa por Irineu Tamanini, pessoalmente, no Rio de Janeiro, em 12 de novembro de 2018.

saram a poder acompanhar as sessões do próprio Comitê, só indo ao plenário quando um assunto de interesse entrasse em pauta.

O exemplo das "caixas de som" é uma boa ilustração para representar o ponto 2, relativo às práticas instituídas pela assessoria e seu impacto na cobertura. Este ponto, provavelmente, traduz de forma mais direta o que aqui chamamos de dinâmica comunicacional, isto é, a relação entre o movimento de comunicação interna do STF e a cobertura do Tribunal. Como já salientamos, os eixos interno e externo dessa relação seguem fluxos próprios, seja pela burocratização da organização do Estado, seja pelas questões próprias do mercado jornalístico e das demandas próprias da cobertura do Judiciário, mas em diversas formas se encontram criando uma dinâmica própria.

Vale elencar aqui algumas práticas relativas à comunicação interna do STF que tiveram influência direta na cobertura, em especial nos primeiros anos, nos quais, como frisamos, a assessoria desempenhou um papel basilar no aprendizado institucional do Tribunal. Como instituição política, o Supremo precisava aprender a se comunicar e, no início dos anos 1990, estava se dando os primeiros passos para adquirir essa *expertise*. Nesse sentido, vamos aos exemplos: a separação física da assessoria de imprensa, onde ficavam os servidores do Tribunal, do local onde os jornalistas setoristas trabalhavam, criando, então, a sala do Comitê de Imprensa, é dos exemplos mais significativos. Se instituía espaços distintos, com a devida privacidade, para a comunicação do Tribunal e o trabalho dos jornalistas setoristas que cobriam a instituição para diversos veículos.

É preciso destacar que a prática de um local com cadeiras, mesas e a mínima estrutura física é praxe no Executivo em âmbito federal e estadual e nas diversas casas legislativas, a se incluir o Congresso Nacional. Sem dúvida, poder conversar sobre pautas e uma agenda própria de trabalho, o que passou a ocorrer para a assessoria e para aqueles que cobriam, um sem a presença do outro, teve impacto em ambas as atividades.

Pode-se enumerar outros exemplos como: o "sistema de som" mencionado por Russi (2010), dando maior liberdade aos repórteres para poder cobrir as sessões do Supremo sem necessariamente estar no plenário do Tribunal; a "pequena" inovação representou uma significativa mudança na rotina dos setoristas em 1995, quando o sistema foi implementado. Assim, os jornalistas ganhavam a possibilidade de dar telefonemas, fazer pesquisas e sondar outras informações estando no Comitê de Imprensa, sem ter que fisicamente permanecer no local dos julgamentos.

> O acompanhamento processual, seja nas pastas usadas por Tamanini, seja depois, em um método mais refinado usado pela assessoria, em especial quando se instituiu a seção de Pesquisa e Redação[102], instituída pelo Ato Regulamentar nº 32/2001 — que depois se manteve no organograma da comunicação do Tribunal, tanto deu ao pessoal da assessoria como aos jornalistas um acesso mais programático aos processos que entravam e saiam do Tribunal. Segundo depoimento[103] de Ana Paula Macêdo, que cobriu o STF durante boa parte dos anos 1990, em meados da década apenas se sabia do trâmite de algum processo perguntando aos funcionários do protocolo, pela informação de algum advogado ou por outras fontes, como as do Ministério Público.

As pastas criadas por Tamanini foram um ganho inicial e depois da seção de Pesquisa, que de alguma forma organizava, para além do factual, o que a assessoria precisava acompanhar e, em alguns casos, esclarecer aos setoristas. Vale destacar que, em 2010, com a Resolução 427, que instituiu o processo eletrônico no Supremo, os jornalistas passaram a poder acompanhar todos os processos que não tramitam em segredo de Justiça. É claro que este acompanhamento não está restrito aos integrantes da imprensa, tampouco se encontra dentro do nosso recorte temporal, que delimita o final da pesquisa em 2004, durante a promulgação da Reforma do Judiciário. Contudo, o exemplo mais contemporâneo ajuda a entender como essa organização processual, ainda que em um

---

102 O Ato Regulamentar nº 32, de 7 de março de 2001, altera a estrutura orgânica do Supremo Tribunal Federal e dá outras providências.

103 Entrevista concedida à autora para fins desta pesquisa por Ana Paula Macêdo, pessoalmente, em Brasília, em 5 de abril de 2018.

nível mais rudimentar, tanto representou mudanças nas práticas da assessoria como na cobertura. Não era preciso ficar mais tão refém da sorte ou tão dependente de determinadas fontes para ter informações sobre este ou aquele caso.

A própria prática do envio de *releases* e depois da disposição de notícias no *site* teve um impacto tanto na cobertura imediata, dos setoristas, como daqueles que cobriam a distância. Pequenos jornais, emissoras de TV e rádios espalhadas pelos rincões do país não mais precisavam comprar matérias de agências para saber o que se passava no Supremo. Em especial a partir de 2001, as notícias no site passaram a entrar de maneira mais célere, em tempo real. "Tem decisão e é importante, não interessa se saiu duas, três, cinco da tarde, oito da noite, vamos colocar no *site*. O *site* é online, a gente não tem horário de fechamento. Para que a gente vai esperar? [risos]" (Informação verbal).[104]

Este trecho acima, retirado da entrevista de Renato Parente[105], salienta uma prática da assessoria que, sim, repercute na cobertura. Com a notícia disponível a tempo e a hora, iniciou-se um processo que seria mais visível com a criação da TV e da Rádio Justiça, em especial da primeira: não era mais suficiente para quem cobria o Supremo como setorista meramente informar, já que a informação chegaria por outros meios em um curto espaço de tempo diante de julgados e decisões.

As novas práticas e rotinas mudam aspectos significativos da cobertura, seja pelo acesso mais fácil à informação por parte dos setoristas, seja pela organização com que essa informação é dada, seja pelo fato que as notícias sobre o Tribunal, de forma mais institucional, passam a ter canais próprios de divulgação. Assim, como já dito, em certo sentido, TV e Rádio Justiça são canais — as mí-

---

104 Entrevista concedida à autora para fins desta pesquisa por Renato Parente, pessoalmente, em São Paulo, em 1º de setembro de 2015.

105 Renato Parente é consultor em comunicação social e foi assessor do Tribunal Regional do Trabalho (TRT) da 2a Região de 1994 a 2001. Parente foi secretário de comunicação do Supremo de 2001 e 2004 e de 2008 a 2010. Também chefiou a comunicação do Tribunal Superior Eleitoral (TSE) de 2006 a 2008 e do Tribunal Superior do Trabalho (TST) em 2011 e 2012.

dias que as próprias fontes passam a dispor (SANT'ANNA, 2005), que criam uma plataforma direta entre o Tribunal e a população, incluindo mesmo outros jornalistas, mas não apenas aqueles com cadeira no Comitê de Imprensa. Antes de adentramos nesse ponto, cabe perceber como esse processo foi se desenhando. Nesse sentido, é importante pontuar a fala de Cláudia Lemos[106], que atuou como assessora na área de comunicação de 2001 a 2003.

> A gente fazia questão de produzir material sobre todas as Adins, todas as decisões — não eram todas, mas em muita quantidade. A gente produzia muito e claro que o interesse era facilitar o acesso e aumentar a presença na imprensa. Eu estou falando de *release* no site e eu estou falando da TV, sendo que a TV era uma tentativa de falar direto com a cidadão, e não com a imprensa. Ela servia também para facilitar o trabalho da imprensa, mas ali era uma tentativa de falar direito com o cidadão. Uma visão meio difusa, falar para a sociedade (Informação verbal).[107]

Vale ressaltar que a criação da TV Justiça (em 17 de maio de 2002) constituiu um mecanismo fundamental para divulgar as ações do Sistema de Justiça. Também é possível observar o papel dos assessores de comunicação do setor. Em 27 de março de 2002, ao final do III Encontro Nacional dos Assessores de Comunicação do Poder Judiciário e do Ministério Público, foi instituído formalmente o Fórum Nacional de Comunicação & Justiça (FNCJ).

Os dois casos ilustram bem o fato de que, ao contrário do que ocorria até o período de redemocratização, o Sistema de Justiça e, sobretudo, o Judiciário ganham os holofotes da mídia, criam suas ferramentas de comunicação e refinam seu discurso. Assim, é possível perceber que a Reforma do Judiciário não se restringe a uma reformulação interna; está inserida em um processo de exposição midiática das instituições jurídicas. Estamos nesse capítulo olhan-

106 Cláudia Lemos é jornalista na Câmara dos Deputados, com vasta experiência na área da Justiça, tendo sido secretária de Comunicação da Procuradoria Geral da República (PGR) e do Conselho Nacional do Ministério Público (CNMP), dentre outras instituições. No Supremo, atuou como assessora na área de comunicação de 2001 a 2003.

107 Entrevista concedida à autora para fins desta pesquisa por Cláudia Lemos, pessoalmente, em Brasília, em 5 de dezembro de 2017.

do para a comunicação, mas a dinâmica relativa a ela não ocorre isolada, dialoga com um tempo.

Ao fazermos um esforço interpretativo sobre os diversos elementos presentes na análise tanto da forma como o Supremo foi organizando sua comunicação quanto, em outro eixo, como a cobertura do Tribunal se montou, é possível ver como essa relação cria uma dinâmica comunicacional que não é aleatória, mas que se estabelece dialogando com seu tempo. Os anos 1990 e 2000 não são, assim, uma mera sequência de décadas.

A dinâmica comunicacional capta esse tempo, como vemos na repetição do gráfico contido na Figura 12, com os dados sobre a comunicação do Supremo e a cobertura do Tribunal, acrescido de marcadores temporais sobre os momentos dessa organização.

Nos anos 1990, tanto a comunicação do Supremo quanto a cobertura do Tribunal, têm seu marco inicial, como uma abertura diante do novo momento da história do Brasil, com a Constituição Federal de 1988 a desenhar um novo modelo de Supremo, com novas atribuições e poderes que foram se avolumando ao longo da década de 1990. Estas questões são abordadas com detalhes ao longo do segundo capítulo.

Se é este cenário de abertura democrática que coloca o Supremo como instituição política e que, portanto, precisa ocupar a agenda midiática para alcançar a agenda pública, é aí que nasce a necessidade de pensar a comunicação no tocante à política. O Supremo tinha a necessidade de se adequar às exigências de um tempo. Nesse sentido, vale lembrar nosso argumento geral sobre como o novo desenho institucional do STF, combinado com mudanças históricas e conjunturais, impulsionou uma política de comunicação da instituição.

Neste ponto é importante destacar a definição de política de Bueno (2013), que entende política de comunicação em um sentido amplo, que prescinde de um documento ou formalização. Para ele, é no conjunto sistematizado de princípios, valores, posturas, estratégias e diretrizes que a política de comunicação ganha forma com o objetivo de orientar o relacionamento de uma organização/instituição ou empresa com os seus públicos de interesse ou estratégicos.

Figura 12 — Dinâmica comunicacional organizada por décadas: comunicação do Supremo e cobertura

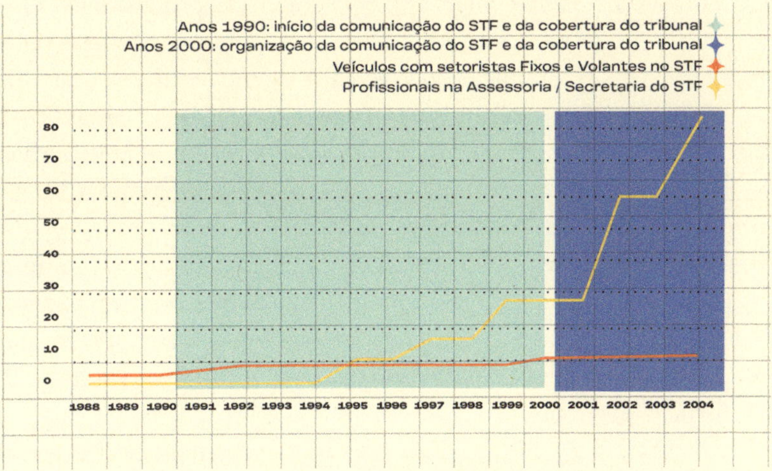

Fonte: Elaboração própria a partir de dados da pesquisa de campo.

Todos os elementos aqui expostos detalham a relação entre assessoria e cobertura, a dinâmica comunicacional, como já definimos. O que a análise nos mostra é que as mudanças históricas e contextuais de fato impactam em tal dinâmica. Na década de 1990, a comunicação do Supremo e a cobertura do Tribunal se abrem. O jornalismo dá o tom das práticas internas e da sua aproximação com os setoristas. Estes, por sua vez, encontram uma assessoria aberta que entende suas necessidades.

Citamos o exemplo da AERP e da assessoria de imprensa do Executivo. Mas não apenas no âmbito estatal, é possível ver como no Brasil as práticas jornalísticas se inserem na assessoria, com um espaço diminuto para as relações públicas. Mesmo no mercado, essa era a prática. Exemplo de empresas privadas que inauguram uma nova lógica incorporando uma visão comunicacional de vanguarda, ainda nos anos 1980, à Assessoria de Imprensa são Rhodia, Goodyear e Odebrecht. Em 1988, a Goodyear lança uma edição especial do seu jornal interno, chamado *O Clã*, conscientizando seus funcionários sobre o vírus HIV e a AIDS. Esse é considerado um *case* clássico sobre a modernização das assessorias de imprensa do mercado brasileiro por conta do uso de fotos profissionais, diagramação moderna e pautas variadas, abrangendo tendências políticas, sociais e econômicas que vão além do universo corporativo.

Este é um dos exemplos que corroboram com a análise de Chaparro (2011) sobre os jornalistas que trouxeram as práticas das redações para as assessorias. Nos anos 1990, a fala de Irineu Tamanini sobre as diretrizes que procurava aplicar na assessoria é sintomática desse tempo: "Eu sempre gostei de jornalista, eu sempre tratei bem. Nunca tratei ninguém mal, eu sempre estava presente. Eu tinha prazer em atender e eu sempre fui repórter. Tanto que esse é um dos maiores elogios que eu tenho na minha carreira [...]" (Informação verbal). [108]

Se essa era a tônica na década de 1990, nos anos 2000 as questões relativas à transparência, à prestação de contas e ao *accountability* eram as que davam o tom de uma comunicação disposta a falar direto com a população, a criar a TV e a Rádio Justiça. Não foi à toa que, em 1995 e 1996, o Banco Mundial publicou três Documentos Técnicos (*World Technical Paper*) abordando a necessidade de se reformular as instituições jurídicas.[109] Essa pauta, levantada nos anos 1990, ganha corpo com a CPI do Judiciário em 1999 e fica envolta aos debates públicos dos anos 2000 que culminam com a Reforma do Judiciário, em 2004.

De alguma forma, essas pautas estão dialogando com a dinâmica comunicacional. Percebemos na fala de Cláudia Lemos uma noção mais clara de uma comunicação que objetiva a um fim, que necessita prestar contas.

---

108 Entrevista concedida à autora para fins desta pesquisa por Irineu Tamanini, pessoalmente, no Rio de Janeiro, em 12 de novembro de 2018.

109 O primeiro deles é o WTP280, de 1995, uma coletânea dos debates realizados na Conferência sobre Reforma do Judiciário na América Latina e Caribe (World Bank Conference on Judicial Reform in Latin America and the Caribbean), que ocorreu em Washington, em junho de 1994. O segundo, WTP350, também de 1995, concentrou-se nas Reformas do Judiciário realizadas na Argentina e no Equador. O terceiro, WTP319, de 1996, elencou pontos de atuação e propôs uma espécie de manual para a Reforma do Judiciário.

> Ali (refere-se ao Ministério Público) acontece uma coisa parecida com o que acontece no STF, que é você passar a publicar no site notícias. Divulgar e mandar para os jornalistas, você quer aumentar a cobertura. Tem uma ação deliberada de aumentar a cobertura. (Por que aumentar a cobertura?) A mesma visão de que tem um dever de transparência e de que isso vai fazer bem para a legitimidade da instituição. Então, ela tem o dever de informar, isso faz parte da atribuição e, ao mesmo tempo, isso faz parte de uma visão de que informar vai ser bom para a imagem da instituição, vai mostrar o trabalho que ela faz e isso vai aumentar a legitimidade dela frente a sociedade (Informação verbal). [110]

Após abordar os momentos iniciais e a organização dessa dinâmica comunicacional, é o momento de analisarmos o contexto político que gera oportunidades e constrangimentos a essa dinâmica. Esse é ponto de análise no capítulo seguinte.

110 Entrevista concedida à autora para fins desta pesquisa por Cláudia Lemos, pessoalmente, em Brasília, em 5 de dezembro de 2017.

Capítulo 4

O contexto político que oferece oportunidades e constrangimentos

Ao longo do terceiro capítulo, abordamos a organização e o desenvolvimento da comunicação do Supremo Tribunal Federal. Na sequência, discutimos como a cobertura no Tribunal, através dos jornalistas setoristas, foi sendo montada. Por fim, nosso foco se ateve à relação entre esses dois eixos, interno e externo, movimento que chamamos de dinâmica comunicacional.

Após mostrar o desenho de dinâmica comunicacional, observamos a relação entre o aumento no quadro de pessoal da Assessoria de Imprensa[111] e o aumento de veículos com setoristas. Nesse sentido, foi preciso ir além do que os números apresentavam em primeiro plano. Ao matizarmos as características de cada eixo, vemos como o Judiciário, em certa medida, seguia um movimento de profissionalização da assessoria, que ocorrera antes no Executivo, e como a própria cobertura tinha seu movimento particular. Este, por sua vez, indicava que, mesmo seguindo uma lógica do mercado jornalístico, com influências como o *boom* da informatização do final dos anos 1990, a cobertura do Supremo refletia também o aumento do poder político do Tribunal, com a permanência de setoristas, quando o mesmo passou a não mais ocorrer no Executivo, com setoristas que passaram a ser exclusivos do Tribunal, não mais dividindo a atenção com outras instituições do Sistema de Justiça e, finalmente, com uma diversidade de veículos na cobertura a partir dos anos 2000, com o ingresso de setoristas de portais e TVs.

Mas ao colocarmos essa dinâmica comunicacional em perspectiva, dando uma cronologia a ela, a análise nos mostra, conforme indicado no capítulo anterior, que os anos 1990 equivaleram a um movimento inicial, tanto na abertura do Tribunal quanto na própria cobertura. Foram anos marcados pela aplicação de práticas e rotinas jornalísticas dentro do STF e, por outro lado, por uma maior cobertura do mesmo, indicada pelos jornalistas entrevista-

111 Ver evolução da assessoria de imprensa nos gráficos dispostos no livro. Neles é possível ver como, com o tempo, a Assessoria torna-se uma Secretaria de Imprensa e uma Secretaria de Comunicação Social.

dos. Foi quando os ministros "começaram a falar". A expressão, presente em muitos depoimentos, expressa tal abertura.

Na década seguinte, os anos 2000, em um período delimitado até a Reforma do Judiciário, em 2004, é possível ver a mudança de um conceito de *jornalismo* para o de *comunicação*. Há uma necessidade de falar de forma mais ampla, e não apenas para os jornalistas. O Supremo começa a investir nas chamadas mídias das fontes (SANT'ANNA, 2005), com a criação da TV e da Rádio Justiça. Por outro lado, o Tribunal ingressa em uma década na qual a demanda por *accountability* e transparência começa a aparecer nas pautas, porque estes temas, precisamente, informam o debate político em torno do Judiciário e do Estado como um todo.

O escândalo envolvendo a Justiça do Trabalho em São Paulo — o chamado "caso Lalau", em que o juiz Nicolau dos Santos Neto foi condenado pelo desvio, entre 1994 e 1998, de uma soma milionária de recursos que seriam usados na construção do Fórum Trabalhista de São Paulo — foi o mote para a criação, em 1999, de uma Comissão Parlamentar de Inquérito (CPI) específica para o caso, a chamada CPI do Judiciário, que condensou, em um evento político, uma série de demandas sobre prestação de contas da Justiça.

Vale lembrar que, se ao final da década de 1980, diversos países da América Latina iniciaram um processo de abertura política, com foco no Executivo e no Legislativo, durante a década de 1990, as atenções voltaram-se para as instituições ligadas ao Sistema de Justiça. O ideário de reforma do Estado atingiu o arcabouço legislativo desses países, via de regra com a promulgação de novas Constituições, alterações dos códigos processuais e novos modelos de gestão pública. Contudo, as mudanças estatais e a regulação de negócios na esfera civil esbarravam em um Poder Judiciário ainda atrelado ao regime ditatorial. Havia, então, uma demanda ligada à reformulação do Sistema de Justiça na América Latina que estava vinculada ao contexto histórico de democratização e às preces do mercado por um Judiciário mais célere e previsível. Como já dito, não à toa, em 1995 e 1996, o Banco Mundial publicou três Documentos Técnicos (*World Technical Paper*) abordando a necessidade de se reformular as instituições jurídicas: WTP280, WTP350 e WTP319.[112] Esses fatores se juntam às insatisfações internas frente à morosidade do Judiciário, dentre outros pontos como nepotismo, falta de transparência etc.

As demandas do Banco Mundial eram por um sistema de Justiça com previsibilidade, que prestasse contas de sua atuação, porém, mesmo a realidade interna do Judiciário nas práticas hoje disseminadas de pesquisa e geração de dados e informações acessíveis inexistiam. Data de 2003 a primeira pesquisa[113] com abrangência nacional sobre o Judiciário, promovida pelo Executivo após a Constituição Federal de 1988. Antes disso, pesquisa similar que se debruçava sobre o número de processos, varas, juízes e questões datava de 1975. Era a tal "caixa preta" do Judiciário, expressão que virou uma espécie de jargão a condensar insatisfações de diversas fontes em relação a um poder que se costumava chamar de "ilustre desconhecido".

Assim, as questões relativas à dinâmica comunicacional, em especial à comunicação do Supremo, passam a ser vistas diante de um contexto político. Ampliamos o olhar que antes estava focado na comunicação e agora passamos a mirar a conjuntura. Se no capítulo anterior analisamos como a política de comunicação do Supremo Tribunal Federal estabelece uma relação com a cobertura do Tribunal, criando uma dinâmica comunicacional, neste capítulo final analisaremos como o contexto político oferece oportunidades e constrangimentos a essa dinâmica comunicacional. Há, então, o que podemos definir como "paralelo político" para a ação da comunicação.

---

112 O documento WTP280, de 1995, é uma coletânea dos debates realizados na "Conferência sobre Reforma do Judiciário na América Latina e Caribe" (*World Bank Conference on Judicial Reform in Latin America and the Caribbean*), que ocorreu em Washington, em junho de 1994. O segundo, WTP350, também de 1995, concentra-se nas Reformas do Judiciário realizadas na Argentina e no Equador. O terceiro, WTP319, de 1996, elenca pontos de atuação e propõe uma espécie de manual para a Reforma do Judiciário.

113 Em 2004, a Secretaria da Reforma lançou O *Diagnóstico do Poder Judiciário*, com informações obtidas em questionários enviados a 96 tribunais do país, além de dados do Banco Mundial, da Secretaria do Tesouro Nacional e do Conselho de Justiça Federal.

Escolhas e preferências

Um passo importante para entender a dinâmica comunicacional é colocá-la em um plano de comparação ao contexto político. Fazer o exercício de sair do movimento entre assessoria e cobertura e perceber essa dinâmica, inclusive com sua organização por década, dentro de uma perspectiva histórica.

Vejamos o gráfico no qual os eixos de comunicação interno e externo são dispostos juntamente com marcadores de eventos importantes no contexto político, tanto no início da década de 1990 como na virada para os anos 2000. Ao olharmos para o gráfico é possível perceber como há um aumento na estrutura de comunicação do Supremo e também na cobertura justamente quando ocorre a transição para os anos 2000. Nessa cronologia, destaca-se a CPI do Judiciário, em 1999, e a Reforma do Judiciário, em 2004. Anos depois, o terceiro *turning-point* tem como marca o julgamento do Mensalão, nos anos 2012 e 2013.

A partir daí, pode-se aprofundar a análise da relação entre a dinâmica comunicacional e o contexto político, ou seja, a conjuntura que oferece constrangimentos e oportunidades à comunicação do Tribunal. Nesse sentido, nos cabe explicitar algumas informações colocadas no início deste capítulo. Elas são relativas a três pontos: 1) como a comunicação do Supremo está ligada à figura no presidente do Tribunal — este é um marcador que nos ajuda a entender as escolhas, as preferências e a expressão da vontade individual, que aqui sai do processo decisório e vai para a comunicação; 2) quais as escolhas foram feitas por esses presidentes para a gestão de comunicação e, em especial, o porquê dessas escolhas, o que as informava, e 3) quais os limites dessas escolhas — neste ponto o grande desafio é, de fato, sair do aspecto individual e pensar no seu impacto institucional. Isso nos fará compreender a importância do contexto político frente à dinâmica comunicacional, o que podemos definir como “paralelo político” para a ação da comunicação.

Se deslocamos nossa mirada analítica do processo decisório do STF para a comunicação, em um diálogo com o modelo estratégico, é preciso verificar como as preferências individuais dos ministros, aqueles que presidem o Tribunal, operam nesse sentido. A escolha

Figura 13 — Dinâmica comunicacional por década e cronologia com eventos da conjuntura política

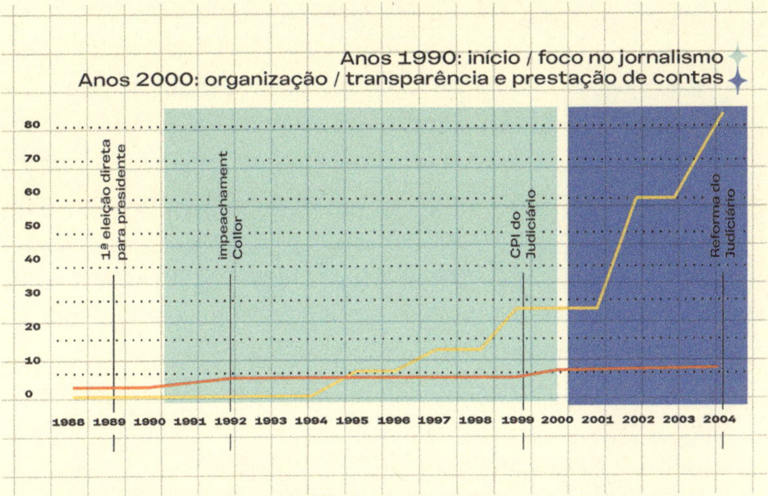

Fonte: Elaboração própria resultante da pesquisa a partir de dados da pesquisa de campo.

dos assessores e a organização da comunicação do Supremo nos anos 1990 e 2000 dialogam com seu tempo, com as demandas políticas daquele contexto. Indo além, como se verá na análise, mais do que o peso dos indivíduos, são o contexto e o tempo que informarão sobre as mudanças necessárias à comunicação do Supremo.

Fazendo um percurso que vai da dinâmica comunicacional ao contexto político, é preciso antes voltar ao início do 30 capítulo, relativo ao movimento de organização e desenvolvimento da comunicação do Supremo Tribunal Federal.

Um ponto importante a ser destacado é que a escolha do assessor de imprensa/comunicação do STF cabe ao presidente do Supremo.

Pelo estipulado no organograma do Supremo, essa relação entre o presidente do STF e a Assessoria de Imprensa está dada pela vinculação do setor à Secretaria Geral e à Presidência. É o presidente quem escolhe o assessor e dá o tom praticado pela assessoria. Ao falar da década de 1990, Rodrigo Haidar explica essa ligação com a Presidência.

O Irineu Tamanini. Ele saiu da assessoria do ministro Francisco Rezek, depois foi assessor do ministro Carlos Velloso. Da Presidência. A gente fala do ministro porque no Judiciário a comunicação tem muito a cara do presidente (Informação verbal).[114]

Ao se falar da ligação entre a Presidência do Supremo e a escolha da Assessoria, além da expressão da vontade do ministro, numa possível comparação ao voto, há também uma espécie de chancela política à atuação a ser desenvolvida pelo setor responsável pela comunicação. Nesse sentido, associam-se dois pontos: a escolha do ministro em relação à Assessoria segue uma expressão pessoal da sua vontade, e a ela se junta um perfil pessoal do assessor, que irá imprimir determinado ritmo e prática ao setor.

Conforme a jornalista Ana Paula Macêdo:

> Lógico que tem essa coisa da dinâmica do Tamanini. O Tamanini é uma pessoa que faz. [...]. Ele falava assim... Às vezes, a gente chegava e perguntava uma coisa para ele, só perguntava, e ele sempre voltava com uma resposta. Às vezes, não voltava com a resposta completa que você queria, mas ele nunca te tirava do caminho da notícia. O Tamanini tinha essa coisa de "Vamos trazer o Supremo para o mundo". Definitivamente, o Pertence bancou aquilo ali, eu não tenho dúvida nenhuma disso. O ministro Pertence bancou aquilo ali, para mim é claro isso (Informação verbal). [115]

O que Ana Paula Macêdo destaca em sua fala é não só a ligação entre a Presidência e a Assessoria como necessidade de lastro político para bancar a mudança. Nesse sentido, é necessário ter em mente que estamos falando dos momentos iniciais, ou seja, da estruturação primeira da Assessoria de Imprensa do STF. Cronologicamente, é preciso recuperar as datas e lembrar que, de 1982 a 1995, o Supremo contou apenas com um assessor de imprensa, Ézio Pires.

Neste ponto voltamos à nossa argumentação inicial de um Supremo que ganha importância política após a Constituição Federal de 1998. Não à toa, as mudanças na Assessoria do Supremo ocor-

---

114 Entrevista concedida à autora para fins desta pesquisa por Rodrigo Haidar, pessoalmente, em São Paulo, em 12 de dezembro de 2017.

115 Entrevista concedida à autora, para fins desta pesquisa, por Ana Paula Macêdo, pessoalmente, em Brasília, em 5 de abril de 2018.

rem na década de 1990, quando a visibilidade do Judiciário começa a aumentar. Diante da nova conjuntura, não era mais possível ter um Tribunal com uma forma de se comunicar atrelada à uma realidade que já não existia mais. O ingresso de Irineu Tamanini, em 1995, pode-se dizer, representou uma ruptura de 13 anos na Assessoria de Imprensa, aqui tendo como foco uma dimensão voltada aos atores políticos.

Sepúlveda Pertence conhecia Irineu Tamanini de quando este atuava como assessor de imprensa do Tribunal Superior Eleitoral (TSE), em 1989, quando o também ministro do Supremo, Francisco Rezek, presidiu o TSE. O trabalho de Tamanini junto ao Tribunal Eleitoral é apontado por ele próprio e por outros entrevistados como sendo o motivo principal que o credenciou a ser convidado para chefiar a Assessoria de Imprensa do Supremo de 1995 a 1997, exatamente durante o tempo em que o ministro Sepúlveda Pertence esteve como presidente do STF.

> É importante ressaltar, aqui, que uma quebra de um funcionamento institucional de 13 anos implicou, sim, em alguns desgastes. As entrevistas apontam como muitos ministros, à época, eram contrários a mudanças no setor — eis um dado que aponta para a expressão da vontade do ministro, no campo da comunicação, como indutor de mudanças. Reproduzindo outro trecho da fala de Ana Paula Macêdo: "E aí o Pertence bancou profissionalizar a coisa da imprensa. O ministro Pertence entendeu que o Supremo tinha que ter uma assessoria, uma coisa mais profissional ali".[116]

Armando Cardoso, que foi assessor de imprensa do Supremo entre 1999 e 2001, ao falar da abertura do Supremo à imprensa, cita Tamanini. Mas aqui, o que chama a atenção em sua fala é novamente o destaque à figura do presidente do Tribunal como ator indutor da mudança, um ministro com preferências a expressar sua vontade através de uma determinada escolha para a comunicação do Tribunal.

> Os ministros só começaram, de fato, a falar quando o Irineu Tamanini chegou lá. E depois, graças a Deus, eu sou da mesma escola dele, ele iniciou e eu, de alguma maneira, eu consolidei. Ele chegou lá com o ministro Sepúlveda

116 Entrevista concedida à autora, para fins desta pesquisa, por Ana Paula Macêdo, pessoalmente, em Brasília, em 5 de abril de 2018.

> Pertence e o Pertence é menos conservador, é mais liberal; ele também não era de falar muito, mas já dava algum tipo de informação, "Tal processo eu vou julgar na semana que vem", pelo menos isso a gente já tinha. Os demais, nem isso. Ele, pelo menos, dava a didática do que ele tinha julgado (Informação verbal).[117]

O tom da comunicação dado pelo presidente à Assessoria é ainda destacado por Alberto Coura, que foi secretário de Imprensa[118] do Supremo de 1997 a 1999.

> O ministro Celso de Mello sempre foi um ministro um pouco retraído, em relação ao outros. Ele manteve sempre a linha de abrir o que fosse possível abrir. Isso significa o seguinte: a gente precisa prestar contas à sociedade daquilo que a gente faz, isso está na Constituição. A gente tem que cumprir a Constituição (Informação verbal). [119]

Duas coisas devem ser salientadas em relação à fala de Coura. A primeira, como já dito, diz respeito às preferências, ou ao que se pode chamar de "estilo" do ministro que preside o Supremo. Contudo, veja que Coura, ao se referir à orientação dada por Mello em relação à linha a ser seguida pela Assessoria, à época chamada de Secretaria de Imprensa, era de "prestar contas". Há, neste momento, no final dos anos 1990, algo que se acentuaria nos anos 2000: a migração de uma ideia de jornalismo no sentido estrito para práticas ligadas à comunicação de forma mais ampla. Veja que questões relativas às pautas da época que foram suscitadas pela CPI do Judiciário, em 1999, e, posteriormente, pela Reforma do Judiciário, em 2004, estão na fala de Coura. Ratifica-se a importância de atentar para a semântica da expressão "prestar contas à sociedade".

Iremos adentrar nesse ponto da ideia de "prestação de contas" adiante. Aqui, cabe frisar, neste primeiro momento, como a figura do presidente está ligada à comunicação. A partir dessa questão

---

117 Entrevista concedida à autora para fins desta pesquisa por Armando Cardoso, pessoalmente, em Brasília, em 17 de abril de 2018.

118 Entre 1997 e 1999, a Assessoria de Imprensa vira Secretaria, retornando à nomenclatura de Assessoria em 2000.

119 Entrevista concedida à autora, para fins desta pesquisa, por Alberto Coura, via telefone, em 7 de janeiro de 2019.

matizaremos a análise com as devidas ponderações. Por ora, ressalta-se essa ligação entre Presidência e Assessoria, que é vista não só pela expressão da vontade, como já afirmamos, mas denota uma mudança intencional da política feita pelo Tribunal.

Ou seja, o Supremo não é passivo diante dos contextos políticos e da cobertura. Há a construção de uma *expertise* em comunicação como forma de responder às demandas de um tempo — lembrando novamente a política mediada da virada do século XIX para o XX em diante (THOMPSON, 1998).

Se até agora pudemos elencar as escolhas, vale abordar o "porquê" destas. Falamos de forma rápida sobre a passagem de Tamanini pelo TSE na eleição de 1989. Essa informação já havia sido levantada no primeiro capítulo e foi trazida de novo agora para destacar as trajetórias que explicam as escolhas. Organizando a argumentação, a questão primeira é destacar uma mudança feita de forma deliberada pela Presidência do Supremo.

Esta escolha poderia ser vista de maneira fortuita, mas, ao colocarmos as mudanças institucionais na comunicação do Supremo, vamos ver que períodos específicos em cada década representam transformações importantes na maneira de o Tribunal se comunicar. Como detalhado no terceiro capítulo, Irineu Tamanini foi o assessor de imprensa responsável pelo implemento de novas práticas no STF na década de 1990, no período de 1995 a 1997. Renato Parente foi o outro assessor que nos anos 2000, no recorte de 2001 a 2004, fez mudanças significativas na comunicação do Tribunal.

Se esses marcos já foram detalhados antes, se já pontuamos a importância da escolha feita pelo Presidente do STF para a comunicação do Tribunal através da nomeação do assessor-chefe do setor, nos cabe, agora, pensar a motivação de tal escolha. Neste ponto, é fundamental caminharmos da instância individual e pessoal, que certamente nos remete à abordagem estratégica, do processo decisório sendo visto pela expressão da vontade dos juízes através do voto que persegue um objetivo, para o contexto. É o caso de nos perguntarmos: por que esses assessores foram escolhidos?

A resposta passa não apenas por um dado biográfico e profissional isolado. É colocando a dinâmica comunicacional, não apenas a comunicação do Supremo, mas também os picos de cobertura do Tribunal em associação ao contexto político, que vamos ter a dimensão da importância conjuntural na biografia dos referidos assessores.

É preciso salientar que Irineu Tamanini foi assessor de comunicação do Tribunal Superior Eleitoral (TSE) na primeira eleição presidencial direta realizada no Brasil após 39 anos da última escolha para presidente no regime democrático, especificamente no ano de 1960. O trabalho de Tamanini no TSE lhe rendeu uma rede de contatos profissionais e o aproximou de ministros etc., como ele próprio relembra:

> O TSE é composto por três ministros do Supremo, dois do STJ e dois da advocacia. Então, os ministros acompanhavam o meu trabalho ali no TSE e eles iam para o Supremo e diziam, olha tem um menino no TSE que está fazendo um trabalho bom... Eu dei sorte de ter ido para o TSE porque o meu nome ganhou espaço num seguimento (Informação verbal).[120]

Além disso, Tamanini também trabalhou na Assessoria do Palácio do Planalto e atuou informalmente, a pedido do ministro Sydney Sanches, durante o julgamento do *impeachment* do ex-presidente Fernando Collor de Mello.

> Eu já não trabalhava no Palácio mas eu acompanhei a sessão do Senado de uma posição muito privilegiada. Porque quem é que presidiu a sessão no Senado? O Sidney Sanches e ele me chamou: — Vem cá me ajudar, pelo amor de Deus. E eu fiquei colado nele, o tempo todo. Mas já não trabalhava mais nem no TSE e nem no Palácio (Informação verbal).[121]

A rede pela trajetória profissional vai além de ministros, políticos ou mesmo funcionários do 10 e 20 escalão da burocracia dos poderes. Há também uma rede de jornalistas e assessores que se

---

120 Entrevista concedida à autora, para fins desta pesquisa, por Irineu Tamanini, pessoalmente, no Rio de Janeiro, em 12 de novembro de 2018.

121 Idem.

forma através da cobertura conjunta. Vale lembrar que, no início dos anos 1990, os setoristas que cobriam o Supremo faziam de lá sua base, mas também atuavam na cobertura de outras instituições do Sistema de Justiça. Isso reforça, inclusive, a análise de Chaparro (2011) sobre a prática dos assessores de imprensa dos anos 1970 e 1980 que, ao não poder mais trabalhar em diversos jornais censurados, foram para as assessorias de imprensa fazer o que sabiam: notícia.

Com mais de uma década de atraso, o Judiciário passou a fazer notícia em sua Assessoria na virada dos anos 1980 para os anos 1990, especificamente no caso do TSE. O Supremo profissionalizou sua assessoria em 1995, tendo como gatilho a presença de Tamanini, que participou desse processo em seu início. André Ardens, que tanto atuou na cobertura do Judiciário pela rádio CBN como também foi assessor de imprensa da área, afirma:

> Começa tudo isso, na minha opinião, em 1989, é quando o Tamanini vai e pega a assessoria de imprensa do TSE, do Tribunal Superior Eleitoral. Em 1989 é a primeira eleição pós-ditadura, é a eleição do Collor. O TSE era presidido, na época, pelo ministro Rezek. O Rezek leva o Tamanini para ajudá-lo na eleição e o Tamanini faz um trabalho excelente. O trabalho do Tamanini é revolucionário nesse sentido, a qualidade, o acesso que ele sempre garantiu aos jornalistas. É aí que começa. É esse reconhecimento que vai levar, no futuro, o Pertence a convidá-lo para o Supremo (Informação verbal). [122]

Neste ponto é preciso destacar duas questões: essa aproximação entre o fazer jornalístico de mercado, a assessoria e as redes de relações, certamente, é um fator indutor para a abertura característica da comunicação dos anos 1990. Mas a isso se somam o contexto político, a importância da eleição de 1989 e como a comunicação ressalta sua importância na redemocratização. Em uma frase que é lapidar, pela simplicidade com que revela o contexto, em certo momento da entrevista concedida à pesquisa, Tamanini argumenta sobre como era a cobertura da Justiça eleitoral: “Não tinha eleição,

122 Entrevista concedida à autora, para fins desta pesquisa, por André Ardens, via telefone, em 23 de janeiro de 2019.

não precisava ter assessoria[123]". A frase enceta a questão primordial neste capítulo: é o contexto político que oferece oportunidades e constrangimentos a essa dinâmica comunicacional, o que podemos definir como um "paralelo político" para a ação da comunicação.

Por isso, é importante fazer o exercício de sair do movimento individual e colocar o contexto político de forma mais marcada na análise das trajetórias individuais. Na verdade, seria interessante fazer, inclusive, o movimento inverso e sair das trajetórias individuais e ir ao contexto político. Esse ponto da análise nos faz pensar sobre a importância de matizar a abordagem estratégica com um aporte teórico mais ligado à institucionalidade. Isso nos faria seguir pensando no limite da atuação dos indivíduos na comunicação do Supremo e nos fazendo avançar em um arcabouço teórico que sirva de lente específica para a comunicação institucional das cortes.

Mas, voltando ao caso específico do Supremo, vejamos a relevância do contexto. Renato Parente, assessor de imprensa do Supremo entre 2001 e 2004, segundo momento marcante no desenvolvimento da assessoria, também mostra um percurso interessante para se pensar a importância da conjuntura. Parente foi assessor do Tribunal Regional do Trabalho (TRT) de São Paulo quando eclodiu na imprensa o escândalo do desvio de milhões de reais para a construção do Fórum Trabalhista. Os valores desviados atingiam o montante de R$ 169,5 milhões. A obra começou em junho de 1993 e foi interrompida em outubro de 1998, por falta de dinheiro, mesmo já tendo consumido quase R$ 240 milhões.

O desvio de recursos envolvia o então desembargador Nicolau dos Santos Neto, conhecido por "Lalau", e estourou na mídia no final de 1998. À época, Renato Parente estava à frente da comunicação do TRT e teve que lidar com a imensa crise que o escândalo gerou:

> Eram água e óleo, áreas distintas, jornalismo e Judiciário flertavam, mas, em 1998, era um momento de transição. Não havia essa cultura ainda e, de uma hora para outra, jornalistas de todos os veículos passaram a circular,

123 Entrevista concedida à autora, para fins desta pesquisa, por Irineu Tamanini, pessoalmente, no Rio de Janeiro, em 12 de novembro de 2018.

fisicamente, pelo prédio do TRT de São Paulo. Então, era comum eu estar na minha sala e receber um telefonema da segurança: "Tem um jornalista aqui querendo entrar no gabinete do desembargador tal e ele exige sua presença". O jornalista, no bom exercício da profissão dele, vai encontrar pauta onde não tem pauta. Começaram a sair várias matérias negativas, que eram práticas no Brasil inteiro, nepotismo, por exemplo (Informação verbal). [124]

O trabalho de Parente junto à crise instalada no TRT de São Paulo foi bem-sucedido e, como ele mesmo conta, foi o motivo que o levou a ser convidado para a Assessoria do Supremo:

> O ministro Marco Aurélio seria eleito presidente do Supremo. Estamos falando de final dos anos 2000, isso foi em outubro, novembro. Ele começou a formar a equipe dele e conversou com alguns jornalistas sobre pessoas que poderiam assumir a comunicação [...] Ele queria um perfil diferente, de preferência alguém que fosse servidor, que entendesse, como ele diz, a liturgia do Judiciário, que soubesse conversar com juízes, com jornalistas. E aí, uma pessoa indicou meu nome para ele: "Tem um sujeito de São Paulo, que pegou o maior escândalo do Judiciário brasileiro da história e conseguiu, de algum jeito, fazer disso algo que o TRT sobreviveu, está com a imagem relativamente preservada, separou o Nicolau dos outros juízes". Fui para Brasília, no final dos anos 2000, recebi um telefonema de um jornalista: "Você aceitaria trabalhar em Brasília?", "Dependendo, sim". Dias depois veio o convite para uma entrevista. Fui para Brasília, tempos depois veio o convite para o Supremo. Fui entrevistado pela Chefe de Gabinete dele, uma tarde inteira, depois fui encontrar ele no Salão Branco, quinze minutos de conversa. Passou algumas semanas, em fevereiro de 2001, estávamos em um encontro de assessores de comunicação, já era um embrião do Conbrascom, recebi uma ligação do secretário do ministro Marco Aurélio: "O ministro quer saber se você poderia vir para Brasília para começar na semana que vem". Foi assim que, em 2001, eu fui convidado para assumir a comunicação do Supremo (Informação verbal).[125]

É interessante destacar como o caso do TRT de São Paulo, ou o "escândalo do Lalau", é um dos fatores indutores da CPI do Judiciário e que esse fato político gera um pico de cobertura que, por

---

124 Entrevista concedida à autora, para fins desta pesquisa, por Renato Parente, pessoalmente, em São Paulo, em 1º de setembro de 2015.

125 Idem.

sua vez, implica em uma mudança na comunicação do Supremo. Por ora, vamos atentar à relação do caso do TRT de São Paulo com a CPI do Judiciário:

> Em 1998, veio à tona aquilo que se chamou de o escândalo do Fórum Trabalhista de São Paulo, do juiz Nicolau. Foram anos de muito aprendizado para mim aqui. Eu lembro direitinho, eu estava em um churrasco na casa da minha irmã, tinha acontecido uma rusga entre o então presidente do TST (Tribunal Superior do Trabalho), ministro Almir Pazzianotto, e o Antônio Carlos Magalhães, presidente do Senado. Eu não lembro qual foi a rusga, mas houve uma rusga entre eles. O resultado disso foi que o Antônio Carlos Magalhães resolveu fazer a CPI do Judiciário. Ele foi atrás do que poderia usar nessa CPI do Judiciário, a famosa CPI do Judiciário. Aí encontrou um caso de um juiz de São Paulo, que foi acusado falsamente, segundo eu me lembro, de participar do tráfico internacional de crianças. Foram uns três ou quatro casos no país inteiro, e o Fórum Trabalhista de São Paulo, que o *Jornal da Tarde*, o *Estadão*, publicavam matérias com suspeita de faturamento. Eu estava na casa da minha irmã, um domingo, toca meu celular, era um produtor da TV Globo: "Renato, eu sou produtor do *Fantástico*, nós queremos ter acesso ao Fórum trabalhista hoje, o senador Antônio Carlos Magalhães está a caminho de lá, nos avisou, a gente quer ter acesso". Aquilo para mim era um processo totalmente alienígena. Na minha realidade política, eu lidava com Justiça do Trabalho, que trata de direitos trabalhistas, greves, reajuste salarial, nada a ver com esse tipo de cobertura que eu estava acostumado (Informação verbal).[126]

Pelo trecho, é possível notar como o caso trouxe uma mudança na rotina do TRT, mas a repercussão nacional, em especial após a CPI do Judiciário, deslocava o pico de cobertura, num sentido restrito de muitos jornalistas pontualmente cobrindo o episódio ligado ao Tribunal, para uma virada de cobertura em que a Justiça se agenda de forma diversa, passando a ser questionada em sua atuação e sua idoneidade.

126 Idem.

Turning Points: as mudanças na cobertura

Tamanini era assessor do Tribunal Superior Eleitoral (TSE) durante a primeira eleição democrática brasileira em 39 anos e atuou, ainda que de maneira informal, na assessoria de comunicação do presidente do STF durante o julgamento do *impeachment* de Collor. Em suma, estava nos dois momentos de pico de cobertura que envolviam a Justiça, em especial o caso Collor, julgado no STF por conta do foro especial por prerrogativa de função que cabe ao presidente da República. Collor acabou sendo absolvido no Supremo pouco tempo depois do *impeachment*, mas o fato é que, absolvido ou não, a existência de um processo contra um presidente da República, antes mesmo do seu impedimento, representou um pico de cobertura, aquilo que os jornalistas entrevistados chamaram de "*boom*" e que em nosso entendimento[127] é o primeiro *turning point*[128] de cobertura do Judiciário.

Segundo Ana Paula Macêdo,

> Quando eu vou cobrir mesmo, em 1991, tinha um caso, que era relevantíssimo na época, que era o caso do reajuste da previdência, era o caso que estava em voga. Aí eu vou cobrir o Judiciário, começo a cobrir para o Globo e, muito pouco tempo depois, o Judiciário explode, que é quando o irmão do Collor denuncia o Collor pelo esquema. E aí, pela primeira vez na minha passagem, o holofote foi para cima do Judiciário, mas não tinha ainda esse bando de setoristas (Informação verbal).[129]

---

127 Ver: Albuquerque (2017).

128 A ideia sobre os turning-points da cobertura do Judiciário no Brasil surgiu durante a pesquisa de mestrado, quando o objeto de estudo sobre a Reforma do Judiciário apontava claramente a CPI do Judiciário como um momento de virada no agendamento relativo à Justiça. A pesquisa também indicava um ponto "cego" a ser trabalhado no início dos anos 1990, relativo aos planos econômicos e ao caso Collor. Parte dessa abordagem sobre a cobertura ganhou forma em um artigo de 2017, intitulado "Mídia e Justiça no Brasil: o mapeamento das pautas históricas de uma nova relação", tendo sido antes apresentado na 68a Conferência Anual da World Association for Public Opinion Research (WAPOR), ocorrida em Buenos Aires, em 2015.

129 Entrevista concedida à autora, para fins desta pesquisa, por Ana Paula Macêdo, pessoalmente, em Brasília, em 5 de abril de 2018.

Vale lembrar que esse pico de cobertura ocorre em um Tribunal que tinha apenas três pessoas na comunicação, sendo um assessor e dois outros servidores de apoio administrativo.

Ainda segundo Ana Paula Macêdo,

> Quando começa o chamado 'Caso Collor', já começa a ir mais gente para o Supremo, mas nesse esquema: não tinha mesa, não tinha cadeira, não tinha nada. Mas foi o grande 'boom' [...] é quando tem o processo do Collor. (Informação verbal)[130]

Layrce Lima complementa a fala de Ana Paula, transcrita na citação acima, ratificando não só como o governo Collor representou uma espécie de descoberta do Supremo Tribunal Federal pela imprensa, de maneira mais geral, como também pontuando as especificidades da cobertura dos setoristas:

> O caso Collor mudou nossa rotina porque a gente passou a focar muito nesse tema e acompanhar decisões na Justiça Federal também, acompanhar depoimentos na Justiça Federal, a gente saía em comboio de repórteres do Supremo para a Justiça Federal para acompanhar depoimentos e depois quando chegou para os julgamentos... Ficou mega, sabe? Todos os repórteres de todos os jornais, ficou uma cobertura mega e meio ensandecida porque a gente tinha que explicar para os repórteres que não eram setoristas muitas coisas, por coleguismo também (Informação verbal).[131]

Vale lembrar que as questões relativas ao governo Collor que aportaram no STF não se resumiram a um momento estanque. Por exemplo, em junho de 1992, quando a crise de governabilidade já havia se instalado no Congresso, o Supremo determinou o pagamento de 147% de reajuste a aposentados e pensionistas. O assunto era motivo de desgaste do governo, que tinha cedido à oposição e consentido dar regime de urgência para a tramitação do decreto legislativo que permitia o pagamento de despesas não previstas no ano anterior. Dois meses depois, em 28 de agosto, por unanimi-

130 Entrevista concedida à autora, para fins desta pesquisa, por Ana Paula Macêdo, pessoalmente, em Brasília, em 5 de abril de 2018.

131 Entrevista concedida à autora para fins desta pesquisa por Layrce Lima, pessoalmente, em Brasília, em 4 de abril de 2018.

dade, o Supremo manifestava-se sobre a validade da Lei nº 1.079, de 1950, que regulava o *impeachment*. O entendimento do Supremo definiu como nominal, ou seja, de forma aberta, a votação dos parlamentares sobre a admissibilidade do julgamento do presidente no Senado (SALLUM JÚNIOR, 2015). Em todos esses momentos, a cobertura se voltava ao STF, que passou a reverberar o que acontecia no Executivo e no Legislativo.

Os holofotes do caso Collor evidenciam que é preciso mudar a comunicação do Supremo. Não à toa, três anos depois, em 1995, um assessor, no caso Tamanini, com uma trajetória umbilicalmente ligada a esses eventos políticos, vai realizar a primeira grande mudança no sentido de profissionalizar a assessoria do STF.

Alguns anos depois o movimento se repete. Renato Parente trabalhava na assessoria do TRT de São Paulo quando ocorreu um escândalo que certamente foi o maior à época envolvendo o Judiciário. É o chamado "caso Lalau" ou "escândalo do Lalau", que, combinado com outros fatores, gerou a CPI do Judiciário, o segundo *turning-point* da cobertura do Judiciário. A intensidade de jornalistas, sem dúvida nenhuma, chegou com mais ênfase ao TRT, alterando a rotina do Tribunal, como explica Parente. Mas quando o caso do TRT de São Paulo se transformou no estopim da CPI do Judiciário, as matérias que se centravam no dia a dia no Congresso passaram a repercutir diretamente no Supremo, do outro lado da Praça dos Três Poderes.

Também não é de forma aleatória que tal evento político acarretou uma mudança na comunicação do Supremo. Renato Parente que, tendo atuado na Assessoria do TRT de São Paulo durante o "escândalo Lalau", foi, por isso mesmo, convidado para o Supremo, sendo o responsável pelo segundo marco na profissionalização da assessoria de imprensa do Tribunal, entre 2001 e 2004. Vale ressaltar que era o momento em que se saía de uma rotina focada nas práticas jornalísticas, em abertura do Tribunal junto à imprensa, para um enfoque mais amplo, em um conceito de comunicação voltado a um Tribunal que deveria prestar contas à sociedade.

Não há muito consenso na avaliação sobre os fatores que motivaram a CPI do Judiciário. Alguns atribuem a ela uma origem meramente política, relativa aos interesses do então senador Antônio Carlos Magalhães, outros a veem como resultante de uma pressão externa do Banco Mundial e outros agentes do marcado internacional, associando-a com a crise econômica de 1988, que levaria a um questionamento sobre a Justiça do Trabalho. As avaliações são diversas, e em muitos aspectos complementares, ao mostrar um contexto em que a Justiça era questionada em vários flancos. Contudo, o fato é que a CPI representou, sim, um momento em que a Justiça estava nos holofotes, o que em muitos aspectos pavimentou o caminho para agendar a Reforma do Judiciário alguns anos depois, precisamente em 2004 (PAIVA, 2012).

Mesmo com uma avaliação distinta, é unânime a noção de que a CPI do Judiciário pôs a Justiça em pauta e, se o tema nasceu atrelado ao TRT de São Paulo, logo depois passou a ser afeto ao Supremo, servindo também para mobilizar o processo político em torno da Reforma do Judiciário. Juliano Basile[132] (*apud* PAIVA, 2012), setorista do *Valor Econômico*, recupera o surgimento da Reforma, tendo como foco os bastidores do Congresso:

> Nos anos 90, o Congresso tinha uma pauta muito focada a questões econômicas, no começo da década, por causa dos planos econômicos e, depois, durante o governo FHC, havia todo um debate de ajuste fiscal, Reforma da Previdência, as privatizações. Então, tudo isso acabou tomando o cerne das discussões. Porém, no final da década, em 1999, quando teve a CPI do Judiciário, começou-se a discutir mais o Poder. Ali, eu acho, foi quando houve o surgimento de uma relevância maior do debate sobre a Justiça e seus problemas. E foi algo curioso porque a CPI do Judiciário começou por causa de uma provocação do ACM, porque, na época, ele estava contestando um presidente do TST. No começo de 1999, um presidente do TST criticou o fim da paridade cambial — porque até janeiro de 1999, um (1) dólar era igual a um (1) real. Então, o Brasil entrou em crise porque não estava conseguindo segurar essa paridade. No começo de 1999, houve troca no comando do Banco Central, onde saiu um presidente e entrou o Chico Lopes, que ficou por poucos dias e saiu para dar entrada a uma nova troca. E dentro desse contexto de

132 Trecho da entrevista concedida por Juliano Basile, por telefone, em 27 de junho de 2011, à autora deste livro, para fins de sua pesquisa de mestrado. A referência à dissertação está devidamente registrada em: PAIVA, 2012.

fim da paridade, houve uma série de debates, porque havia vários contratos baseados nela. Um belo dia, o presidente do TST dá uma declaração falando que deveria ser feita a indexação dos salários. Isso seria um caos pró-governo, na época, porque o governo estava com dificuldade de caixa, o país tinha acordo com o FMI. Com isso, o ACM criticou e, logo em seguida, em um evento no TST, o vice-presidente do Tribunal, Almir Pazzianotto, fez uma crítica dura ao ACM, inclusive citou até o filho do senador, Luis Eduardo Magalhães, que tinha falecido no ano anterior. O ACM falou que o Judiciário precisava ser visto, não foi uma preocupação maior em se reformar a Justiça, foram condições políticas. E nessa CPI do Judiciário é que foram cassados o senador Luiz Estevão e, depois, o próprio ACM, que foi naquele episódio de violação do painel do Senado, onde se violou o resultado da votação do Luiz Estevão[133]. Então, foram apenas circunstâncias, não foi uma discussão com conteúdo de se ver o que era possível fazer no Judiciário para que ele melhorasse. Essa discussão com mais conteúdo só foi possível em um novo governo, que foi o governo do Lula (Informação verbal).[134]

Cláudia Lemos fala da atenção da imprensa à CPI do Judiciário, tocando na questão do desgaste da imagem presente no episódio:

Eu acho que o começo dessa história com a comunicação são os escândalos. Todo mundo marca o escândalo do TRT de São Paulo como o momento em que o Judiciário acaba tendo que enfrentar a imprensa, por causa de um escândalo de corrupção que afeta a imagem da instituição (Informação verbal).[135]

Rodrigo Haidar aborda a questão da aproximação entre a cobertura política e do Judiciário marcada pela CPI:

Houve o escândalo do TRT, acabou transformando um pouco a cobertura da pauta jurídica, porque houve dois escândalos — os dois muito bem cobertos pelo Fred, tanto do juiz Nicolau dos Santos Neto como o do juiz João Rocha

133 O caso da violação do painel eletrônico do Senado diz respeito ao episódio em que o senador Antônio Carlos Magalhães foi investigado por ter acesso a informações sigilosas sobre como votaram os senadores na sessão que cassou o senador Luiz Estevão. Com a repercussão do caso, ACM acabou renunciando ao mandato, em julho de 2001, para preservar seus direitos políticos.

134 Trecho da entrevista concedida por Juliano Basile, por telefone, em 27 de junho de 2011, à autora deste livro para fins de sua pesquisa de mestrado. A referência à dissertação está devidamente registrada em: PAIVA, 2012.

135 Entrevista concedida à autora, para fins desta pesquisa, por Cláudia Lemos, pessoalmente, em Brasília, em 5 de dezembro de 2017.

> Matos. Esses dois casos fizeram que a pauta da Justiça também [...] tivesse esse momento de inflexão que foi "a Justiça não é feita só por mocinhos". No escândalo do TRT teve o envolvimento do Luiz Estevão; tendo envolvimento de senadores, você começou a correr, teve o primeiro senador cassado com processos na Justiça. Então, assim, começou a haver uma aproximação da cobertura política para a cobertura da Justiça, parte daí (Informação verbal).[136]

É importante notar que, como a CPI ocorre no Congresso, o impacto dela na rotina da cobertura no Supremo não tem o mesmo comportamento de *boom* de jornalistas cobrindo *in loco*, nas dependências do STF, esse evento político. Mas também como mencionado, a Justiça passa a estar na pauta nacional de maneira mais ostensiva, ou seja, não mais como aquela que aplica a Justiça, mas como uma instituição que está sendo questionada publicamente.

Sobre a CPI, Alberto Coura, secretário de imprensa do Supremo à época, fala da atenção diante do evento político e da cobertura no Supremo em relação ao que ocorria no Congresso.

> A CPI do Judiciário era uma coisa inédita, não tinha registro de uma CPI desse tipo. Não houve, da parte do ministro Celso de Melo, interferência, qualquer tentativa de impedir que ela fosse feita ou de interferir nos trabalhos dessa CPI. Isso ele nunca fez. Não foi tão relevante assim, porque ela se dava no Congresso, basicamente, e lá sempre houve uma cobertura intensiva das atividades do Legislativo. Se buscava o Judiciário para ter a posição; na verdade, posições muito mais políticas do que de defesa de alguém. Então, houve, inicialmente, um interesse muito grande, depois diminuiu (Informação verbal).[137]

Com o esmaecimento da CPI do Judiciário, "a pauta mudou", como se costuma dizer no jargão jornalístico, mas dois efeitos concretos permaneceram: houve uma nova mobilização em relação ao Projeto de Emenda Constitucional 96/92[138], relativo à Reforma que

---

136 Entrevista concedida à autora, para fins desta pesquisa, por Rodrigo Haidar, pessoalmente, em São Paulo, em 12 de dezembro de 2017.

137 Entrevista concedida à autora, para fins desta pesquisa, por Alberto Coura, via telefone, em 7 de janeiro de 2019.

138 "Em 1999, sob a relatoria do deputado Aloysio Nunes Ferreira, do PSDB de São Paulo, a Reforma volta a ganhar fôlego. Desta vez, o projeto recebe algumas sub-relatorias como forma de ajudar a criar um consenso sobre os temas. Além disso, para debater as pro-

caminhava no Congresso e, no médio prazo, o Judiciário deixava de ser um ilustre desconhecido (PAIVA, 2012). Nesse sentido, Alberto Coura fala sobre as consequências da CPI e sua relação com a Reforma do Judiciário.

> O que eu quero destacar é que houve uma evolução a partir da CPI, e de outros fatos, houve uma evolução que levou, por exemplo, à criação do CNJ, que é o controle corporativo da atividade judicial, que deu alguns resultados. Alguns casos são divulgados, juízes são penalizados por algumas práticas irregulares, e há um certo controle do Poder Judiciário, como repercussão, como consequência daquela CPI, das atividades criadas pelo Supremo e vinha a ser avaliado pela população (Informação verbal).[139]

O fato é que, colocado em panorama, vemos que tanto o caso Collor e os eventos em torno do seu *impeachment*, como a CPI do Judiciário, foram *turning-points* da cobertura do Judiciário. Em nossa análise, isso nos ajuda a ver duas coisas. A primeira, que destacamos aqui, são os momentos nos quais o Judiciário é agendado pela imprensa, tornando-se pauta. Se entendermos que os picos de cobertura correspondem aos momentos de destaque do agendamento do Supremo, ainda que em via transversa, quando eventos que ocorrem no Legislativo (CPI do Judiciário) e em outros Tribunais (caso do desvio de recursos no TRT de São Paulo), acabam chegando na cúpula do Judiciário, o STF, isso nos ajuda na compreensão de que diante de uma mudança de contexto é preciso mudar a estratégia.

Nesse sentido, vale lembrar o recurso analítico usado por Helmke (2005), o qual ela denomina de "*inter-temporal conflict*", ou seja, que a estratégia emerge de um contexto, portanto muda com o tempo. Voltamos, então, às questões relativas às lacunas teóricas e à necessidade de aproximação da hipótese do *agenda-setting research* com a abordagem estratégica. Dos pontos de diálogo tra-

---

postas ocorreu uma nova rodada de audiências públicas com a presença de estudiosos, representantes das entidades de classe, do Sistema de Justiça etc." (PAIVA, 2012, p. 67).

139 Entrevista concedida à autora, para fins desta pesquisa, por Alberto Coura, via telefone, em 7 de janeiro de 2019.

balhados no segundo capítulo, apontamos como a relação contexto e tempo eram os denominadores comuns. Ao sair do processo decisório para a comunicação, é o contexto político e sua mudança no tempo que informam ou indicam as transformações tanto na cobertura do Judiciário, em especial do Supremo, como também da própria forma de o STF se comunicar. Há o que podemos chamar de "paralelo político".

Os "limites" da escolha pessoal ou a importância do contexto

Novamente, retornando ao caso Collor/*impeachment* e à CPI do Judiciário como *turning-points* da cobertura, destacamos um segundo ponto de análise: ao se partir da trajetória dos assessores de imprensa responsáveis por mudanças significativas na comunicação do STF, é possível ver como, sim, o percurso deles é importante. Contudo, tal trajetória se destaca justamente pela associação a esses eventos, e não por referências a parte deles. Ou seja, é o contexto político que informa as escolhas, cria paralelos que repercutem na ação da comunicação. Nesse sentido, a análise nos conduz novamente a matizar as preferências individuais com questões institucionais, nos indicando um caminho a seguir de aperfeiçoamento teórico que se debruce sobre o comportamento político das cortes na agenda midiática e pública.

A escolha pessoal dos presidentes do Supremo em relação à Assessoria ou mesmo às práticas implementadas na comunicação institucional se ligam a um agendamento: o Judiciário ganha visibilidade e é preciso que o Supremo, como órgão de cúpula, esteja preparado para responder (dinâmica comunicacional), e o que informa a estratégia dessa resposta é mais a conjuntura política do que as preferências pessoais (contexto com oportunidades e constrangimentos).

Façamos um exercício de sair das escolhas individuais e ir ao que está presente no contexto político. Abaixo um breve cronograma nos ajuda nessa análise orientada historicamente:

Anos 1990 – contexto político

1992: em março, proposta de Reforma do Judiciário começa a tramitar no Congresso. Trata-se da PEC nº 96/92.

1992: *impeachment* do ex-presidente Collor. A Presidência do julgamento fica à cargo do presidente do STF, à época o ministro Sydney Sanches.

1994: Supremo absolve Collor do crime de corrupção passiva, do qual era acusado pela PGR.

1995-96: publicação dos relatórios WTP280, WTP319 e WTP350 do Banco Mundial sobre a Reforma do Judiciário com foco na América Latina e no Caribe.

1998: torna-se público o desvio dos recursos destinados à construção do Fórum Trabalhista de São Paulo, envolvendo o desembargador Nicolau dos Santos Neto, o "Lalau". Estopim da CPI do Judiciário.

1999: em abril, a CPI do Judiciário é instaurada por iniciativa do ex-senador Antônio Carlos Magalhães.

1999: a CPI fez o Congresso retornar à discussão sobre a PEC 96/92, relativa à Reforma.

Anos 2000 – contexto político

2003: em fevereiro, a proposta de Reforma segue para a CCJ do Senado.

2003: em abril, durante um discurso no Espírito Santo, Lula declarou que era preciso saber como funciona a "caixa preta" desse Poder que se considera intocável, referindo-se ao Judiciário.

2003: em abril, é criada a Secretaria da Reforma do Judiciário, destinada, especificamente, à articulação política para a aprovação da Reforma.

2003: a operação "Anaconda" da Polícia Federal prende o ex-juiz federal João Carlos da Rocha Mattos por participação em um esquema de venda de sentenças da Justiça Federal de São Paulo.

2004: em agosto, a Secretaria da Reforma lança "O Diagnóstico do Poder Judiciário", com informações de 96 tribunais do país, além do Banco Mundial, Secretaria do Tesouro Nacional e Conselho de Justiça Federal. O relatório dá origem à série *Justiça em Números*, do CNJ.

2004: em julho, a Reforma do Judiciário é aprovada em 1º turno no Senado e, em dezembro, é promulgada.

Figura 14 — Relação entre as mudanças na comunicação do STF, os atores envolvidos e o contexto político

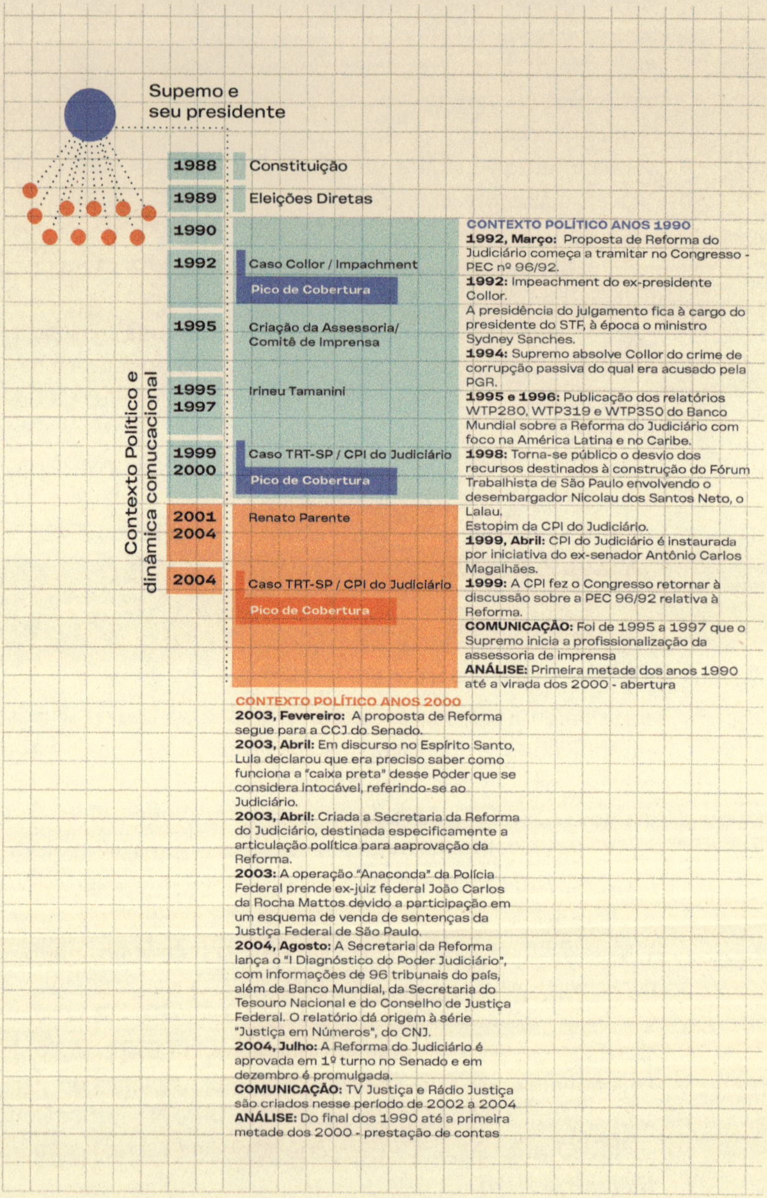

Fonte: Elaboração própria a partir de dados da pesquisa de campo.

Figura 15 — Relação entre as mudanças na comunicação do STF e o contexto político

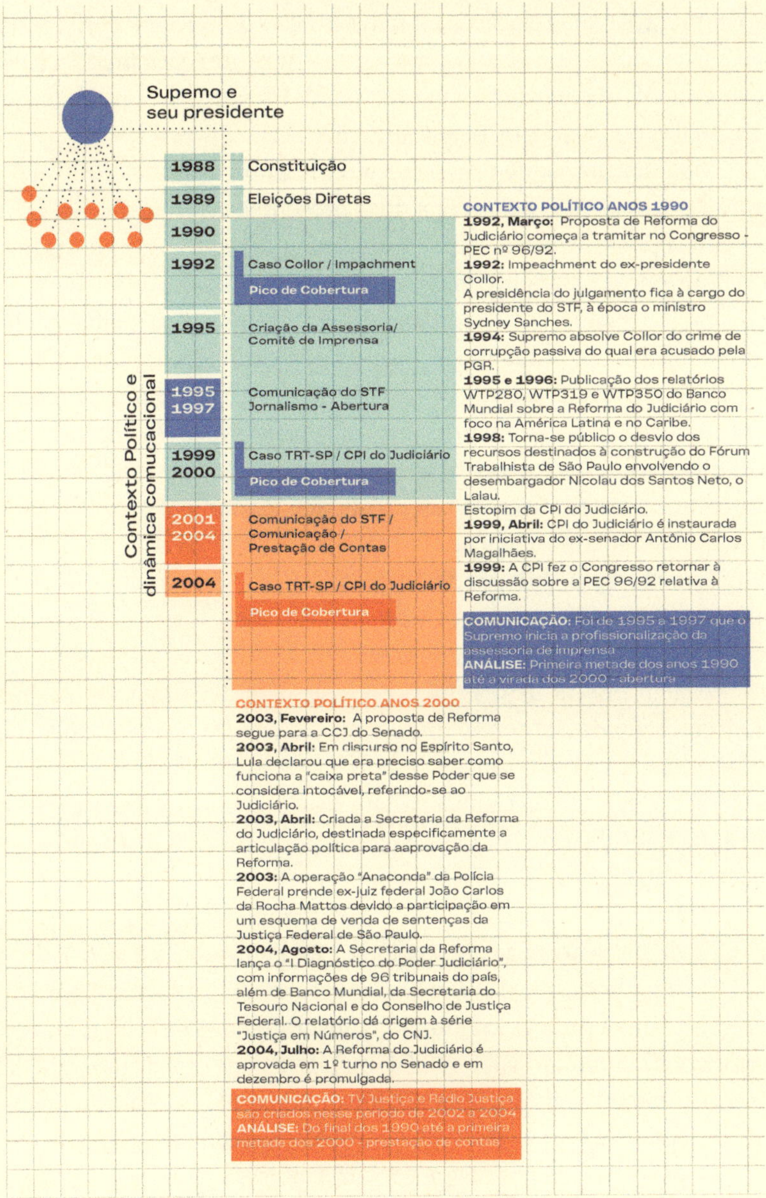

Fonte: Elaboração própria a partir de dados da pesquisa de campo.

A cronologia trabalhada junto a outros elementos no infográfico a seguir nos ajuda a visualizar como a estratégia está mais ligada ao contexto e sua relação com a instituição do que aos indivíduos ou preferências pessoais. É a conjuntura que informa a mudança na maneira de se comunicar, há um "paralelo político", uma espécie de gatilho político para a comunicação.

Vejamos, na sequência, o mesmo infográfico, substituindo a figura dos assessores pelas demandas presentes no contexto político de cada época, fazendo a marcação das mudanças na comunicação do Supremo de maneira impessoal.

Ao focarmos no contexto político, detectamos como é ele quem informa as mudanças e observamos, também, como é importante não ficarmos restritos à pessoalidade não só no que se refere às indicações, mas também às práticas profissionais. Como se pode ver em detalhes no terceiro capítulo, há uma série de modificações na rotina e nas práticas da assessoria que em muitos aspectos institucionalizou as mudanças.

Por exemplo, independe de quem seja o assessor, uma vez que algumas práticas estejam consolidadas na Assessoria de Imprensa ou Comunicação não é possível voltar atrás na sua execução. A clipagem ilustra bem a questão. Instituída de forma regular na comunicação do Supremo desde 1995, ela passou por mutações no seu formato, mas permaneceu inalterada enquanto rotina básica da assessoria. Foi terceirizada a partir de 2001, mas sua prática em si é fundamental para o setor de comunicação de uma instituição do porte do Supremo.

A função da clipagem é informar a ministros e servidores da cúpula quais as notícias que estão sendo divulgadas sobre o Tribunal. Esse recurso, que é praxe nas assessorias, foi instituído por um determinado assessor, mas uma vez inserido nas tarefas cotidianas permanece como indispensável. É uma atividade que dá mostras de como as decisões individuais são absorvidas pela instituição quando pensamos na organização de um setor de comunicação.

Lógica semelhante se aplica sobre outras atividades e produtos de comunicação do Supremo que, uma vez instituídos, dificilmente serão alterados sem que haja uma nova demanda da mídia ou mesmo do público de uma forma geral. Por exemplo, é impensável que a cobertura das sessões do Supremo, disponibilizadas no *site*, simplesmente parem de existir. Mesmo com toda a discussão sobre se é ou não benéfico que as sessões do plenário do Supremo sejam transmitidas na TV Justiça, é pouquíssimo provável que tais sessões deixem de ser exibidas na televisão e na internet. A prática foi instituída na gestão do ministro Marco Aurélio de Mello como presidente do Supremo. Naquele momento houve uma tomada de decisão pessoal. Inclusive, pelo coletado no trabalho de campo, coube ao ministro Marco Aurélio sustentar internamente a decisão de transmitir as sessões, mesmo em desagrado à posição de outros ministros. Uma vez que tal divulgação se tornou praxe, a expectativa social não comporta que se volte atrás na iniciativa. Mais uma vez uma decisão pessoal é absolvida pela instituição.

Ou seja, como pontuamos ao fazermos um exercício de aproximação e diálogo entre o agendamento e o modelo estratégico, a comunicação, ao pensarmos a relação assessoria e cobertura, necessariamente sai do âmbito individual para o institucional. Essa pontuação é importantíssima de ser frisada ao sairmos do processo decisório para a comunicação. Do ponto de vista efetivo, se a autonomia do assessor depende da relação de confiança e afinidade entre ele e o assessorado, em nosso recorte, o presidente do Supremo e as rotinas implementadas também dependem de recursos materiais, de uma equipe com pessoas distintas de perfis diversos e da participação dos outros assessorados — no caso, os ministros. Isso sem falar no próprio contato com a imprensa, que, novamente frisando, é negocial (ALSINA, 2009). Ou seja, é o contexto quem informa e o faz institucionalmente. Tal achado nos coloca diante da possibilidade de aperfeiçoar o diálogo entre o agendamento e o modelo estratégico, inserindo novos elementos teóricos como o institucionalismo histórico. A pesquisa abre a possibilidade de pensar em conceitos e abordagens que nos ajudem a matizar a estratégia individual com o aspecto institucional.

Pensando no caso concreto, sem dúvida, determinados atores e escolhas dos ministros para a assessoria de imprensa são um fator indutor de mudanças. O perfil do agente que mobiliza as mudanças é importante, mas tem sua influência limitada por uma série de motivos já elencados. Um, em especial, é o contato dos ministros, juízes auxiliares e servidores com os jornalistas. A comunicação, como já dito, não se expressa diretamente como em um voto ou uma decisão judicial. Do ponto de vista factual, não há um "cumpra-se" ao final da sentença do acórdão.

Se essa compreensão mostra limitações sobre o caráter pessoal da abordagem estratégica, por outro lado, ajuda a esclarecer como é o contexto que dá oportunidades e constrangimentos às mudanças de comunicação. Assim, como pontuamos em nossos objetivos, a pesquisa mostrou:

1) como a política de comunicação do Supremo Tribunal Federal estabelece uma relação com a cobertura do Tribunal, criando uma dinâmica comunicacional; e
2) como o contexto político oferece oportunidades e constrangimentos a essa dinâmica comunicacional.

Tal análise deixa claro que, com relação à comunicação institucional, não àquela relativa aos indivíduos agindo por seus próprios interesses, mas a que implementa uma série de práticas e rotinas mais amplas de profissionalização da assessoria de imprensa/comunicação, é o contexto que dá a tônica das demandas a serem respondidas.

Nesse sentido, nos parece que se abre uma nova agenda de pesquisa não só em relação ao objeto de estudo, mas ao arcabouço teórico. A aproximação entre a hipótese do *agenda-setting research* e a abordagem estratégica ilumina a questão, mas é preciso avançar com aporte relativo à questão institucional. Há espaço para o desenvolvimento de uma agenda de pesquisa voltada especificamente para o comportamento das cortes na agenda midiática e pública.

A pesquisa se conclui confirmando seu argumento central: são as mudanças históricas e conjunturais que, associadas ao novo desenho institucional do Supremo, resultante da Constituição Federal de 1988 e de uma série de mudanças posteriores — as quais abordamos no 2º capítulo — que impulsionaram uma política de comunicação da instituição.

Vejamos o gráfico a seguir em que todos os aspectos conjunturais e da dinâmica comunicacional são colocados em perspectiva. Sem dúvida, essa visão panorâmica nos ajuda a compreender o que é apontado no livro. Se a pergunta é como o Supremo Tribunal Federal se comunica, a resposta é: se comunica de forma a responder às mudanças na conjuntura política e o faz, de forma central, através do relacionamento entre assessoria e jornalistas setoristas, ainda que haja o que chamamos de "bordas" nessa relação. Ou seja, que essa relação não seja excludente.

A conclusão de que há uma análise estabelecida com o contexto ilumina uma questão central para os que olham a comunicação de forma endógena: não é possível pensar uma instituição de papel político "superlativo" (VIEIRA, 2008) como o Supremo sem que a ideia de uma política de comunicação se desligue de uma visão meramente organizacional e se vincule ao processo político.

Resgatando o conceito expresso por Bueno (2009): a política de comunicação prescinde de um documento ou formalização. Se, de acordo com ele, esta se dá no conjunto sistematizado de princípios, valores, posturas, estratégias e diretrizes; para nós, tais elementos estão diretamente vinculados ao contexto e ao tempo histórico.

Sobretudo nos primeiros anos de instituição da assessoria de imprensa/comunicação, vê-se um aprendizado institucional no relacionamento com a imprensa. Assim, há uma ordem nos acontecimentos: os eventos políticos geram um pico de cobertura que, por sua vez, implicam em mudanças na forma de se comunicar do Supremo. Ou seja, ao crescente poder político do STF dado pela base legal há também, do ponto de vista de uma instituição que se coloca na agenda midiática e pública, um aprendizado sobre como responder às demandas próprias da comunicação.

Não há, então, uma instituição "passiva" à cobertura. Este livro expõe os primeiros momentos desse aprendizado. A partir da necessidade de se abrir aos jornalistas, a uma comunicação que procurava prestar contas, o Supremo foi aprendendo a se posicionar no jogo político.

Figura 16 — Panorama geral — relação entre a dinâmica comunicacional e as mudanças conjunturais e históricas

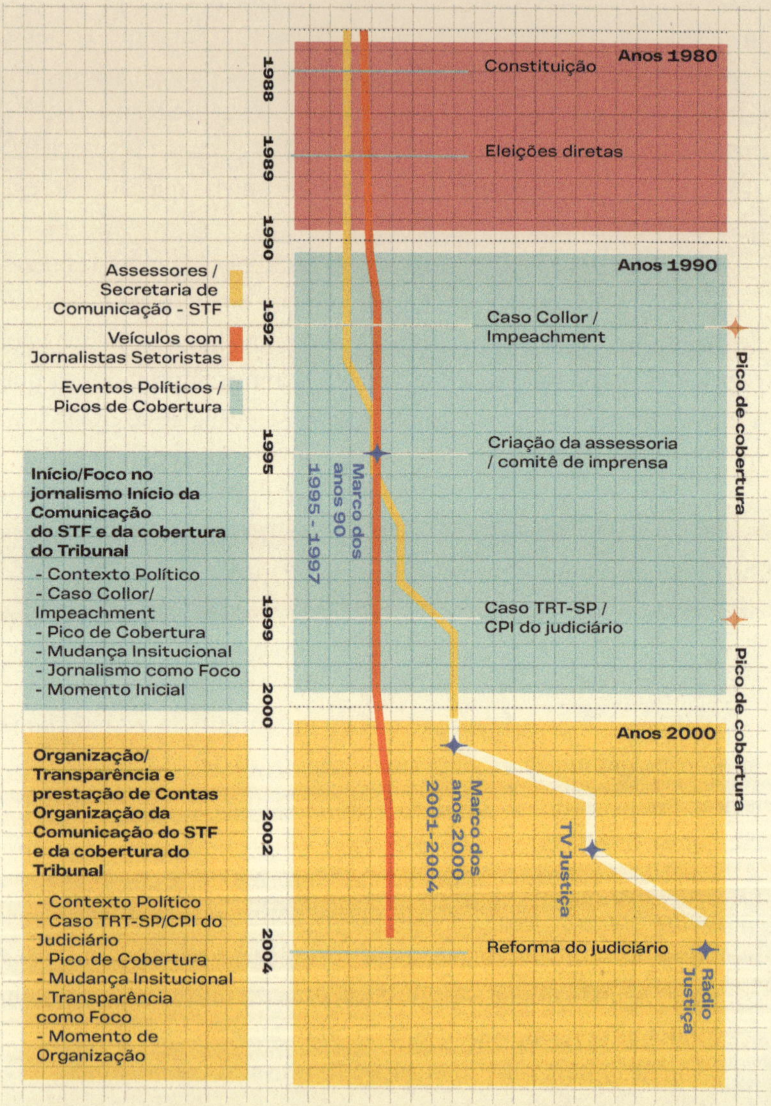

Fonte: Elaboração própria a partir de dados da pesquisa de campo.

Conclusões

Aprendendo a jogar

A conjuntura: como os ventos indicavam os desejos

No início, "Da lei aos desejos" deveria se chamar "Para onde os ventos sopram". Este seria o título prévio para, na sequência, enunciar o conceito: o agendamento estratégico do STF. Por mais que esta seja uma confidência "estranha" para uma conclusão de livro, ela traz um elemento revelador da mudança de como uma pesquisa se inicia e do quanto ela vai se transformando ao se concluir. E essa mudança só se acentua com o tempo, seja pela revisão do material para ganhar uma nova configuração (no caso, a dessa brochura) ou seja, pelo tempo e pelos leitores que reelaboram o sentido do que aqui está escrito.

O livro tem como base uma tese de doutorado e durante o seu percurso, próprio da academia, o material trabalhado se compôs por algumas agruras, muitas com marcas perenes, e teve suas dificuldades calcadas no hermetismo de um saber por vezes presunçoso de si, dos espaços ocupados mais pelos títulos do que pelo cuidado com o conhecimento e com a vida, aquilo que de fato importa.

Por isso, a reelaboração presente nesta brochura representa o oposto, que é dado pelo aprendizado respeitoso, que mesmo rigoroso permanece também sendo curioso e afável consigo mesmo. A aventura em outros espaços, na intersecção dos saberes, no caminho do meio, que carece de atrevimento. É o empenho transformador como o de Antônio Cândido que, diante das regras do seu trabalho sociológico em *Os Parceiros do Rio Bonito*, respondeu ao mundo com a sua vocação em a *Formação da Literatura Brasileira*. É a resiliência de Eric Hobsbawm pagando o aluguel com o dinheiro que recebia por suas críticas de jazz sob o pseudônimo de Francis Newton. Anos depois, seus escritos jornalísticos estavam na semente de *A História Social do Jazz*. E, como exemplo último, Lygia Fagundes Telles, em sua luta com a palavra a escrever algo aparentemente tão dispare como *A Disciplina do Amor*.

Assim, a beleza dessa espécie de "lego" que é o agendamento estratégico se deve justo a inventar um caminho que não está dado, àquilo que é enfrentamento e acolhida: a viagem além-mar a Hamburgo e o modelo estratégico trazido ao trabalho durante a estadia no German Institute for Global and Area Studies (GIGA), a base afetiva da comunicação e, em especial, a São Paulo e às suas paisagens, ruas, protestos, encontros... Uma cidade-travessia como as possibilidades de compreensão do mundo e do próprio Brasil diante do *impeachment* de Dilma Rousseff, da Lava Jato e da derrocada democrática.

Ou seja, além dos indeléveis trajetos pessoais, a pesquisa se montou pela junção entre o *agenda-setting research*, trazido da comunicação, e o modelo estratégico, incorporado durante a estadia na Alemanha. A costura desses elementos, como relatamos no início do livro, teve que ser moldada junto ao desafio de voltar ao passado, achar fontes primárias e ir às origens da comunicação do Supremo. Este processo de construção está presente na pesquisa que dá origem ao livro, perfila a ideia de um Tribunal que se comunica estrategicamente olhando para o contexto político, os tais ventos do título originalmente pensado. Ali o contexto que move a dinâmica comunicacional apareceria em primeiro plano.

Contudo, a ideia do livro, e a pesquisa fina, aquela que olhava o passado, que via o Supremo desde à democratização, foi sendo feita com o Brasil nos solavancos do "gigante" que acabara de acordar. Em junho de 2013, naquilo que a literatura convencionou chamar de jornadas, eu começava a moldar um projeto para entender a qualidade da democracia brasileira. Meses antes, em um café em Berlim, anotava em um caderno referências da história das ideias políticas. Seria um trabalho clássico sobre o Judiciário. Touché! Tudo ajeitado. Contudo, o mundo que se transformava sem nenhuma trégua me faria mudar o projeto original e assumir a relação entre Comunicação e Justiça.

Foi o tempo passar e ver inequivocamente que a busca em questão muito pouco tinha de anamnese teórico-normativa. O que estava se mostrando diante de mim era uma profusão de desejos tomando conta da rua, das análises (sim, os cientistas políticos estavam atônitos com um *impeachment* desacreditado, com o verde e amarelo das manifestações, com as conhecidas predições institucionais que não funcionavam) e, porque não dizer, da minha própria vida.

Enquanto ajeitava as ideias do projeto, pude, como jornalista e pesquisadora, estar onde as coisas se transformaram. Em 2014, na eleição Dilma *versus* Aécio, vi uma avenida Paulista vazia, sem certezas, à espera de um resultado que deixou um país dividido. Só aos poucos uma comemoração vermelha foi se montando pela rua Augusta e suas imediações. Antes, uma hesitação que parecia anunciar os próximos anos. No dia da votação do *impeachment* de Dilma Rousseff na Câmara dos Deputados, em 2016, eu estava em Curitiba, acompanhando tudo de um acampamento em frente à Justiça Federal apelidado de *Moro Lover's*. Ali vi os primeiros pixulecos que, pouco tempo depois, seriam o *souvenir* predileto de vendedores pela avenida a Rebouças e outras tantas vias importantes pelo país. O juiz-herói em um boneco inflável era uma espécie de símbolo inicial das inúmeras manifestações pró-Lava Jato que se espalharam pelo Brasil. Uma em especial me marcou. Era dezembro de 2016 e na Avenida Paulista, entre diversos adereços, vi os primeiros cartazes com os nomes dos ministros do Supremo. Críticas à Justiça que o Tribunal representava em antagonia à Lava Jato.

Em 2017, estava em Hamburgo, quando um isolado Michel Temer chega ao evento representando o Brasil no G20. A cidade em chamas para receber os líderes mundiais e um Brasil à deriva, cujos caminhos àquela altura era impossível prever. Em 2018, em Brasília, estava realizando minha pesquisa de campo quando o STF, por 6 votos a 5, rejeitou o pedido de *habeas corpus* da defesa de Lula, tendo impacto direto na sua prisão que aconteceria pouco tempo depois. Acompanhei o julgamento de dentro do Comitê de Imprensa do Supremo, observando os setoristas em uma cobertura que varou a madrugada. Naquele período, seguia entrevistando quem, décadas antes, cobria a rotina do Tribunal e fazia sua comunicação. Havia, inclusive, conversado com Ézio Pires, ex-assessor de imprensa que tinha ido do Rio de Janeiro ao Distrito Federal, literalmente, junto com o Supremo, nos idos de 1960. Um corte do tempo e, em abril de 2018, diante de mim, estavam jornalistas aos borbotões pelos corredores do Tribunal registrando por todos os meios o que seria a decisão dos ministros sobre o destino de Lula.

Não, não se tratava de analisar documentos e "reconstituir" uma época. Havia uma história ali, no quente, sendo vivida também por mim. Uma história contada por quem faz comunicação e que teima em estudar. O nome *Da Lei aos Desejos* dá conta dessa travessia que é também a de um Brasil que se revirou ao avesso mostrando que havia mais coisas recalcadas do que era possível supor. Eu vi, nos anos que enceto nesta conclusão, o desejo explodir. Mas o que o meu trabalho revela é justo o caminho para se chegar até esse ponto. Inclusive, no plano pessoal, o desafio era o de assumir aquilo que é genuíno e peculiar como forma de manter a saúde e o olhar arguto sobre a vida e seus processos.

No que diz respeito ao Supremo, especificamente, o período da pesquisa revela como a institucionalidade e a contenção do Tribunal junto aos holofotes, nos anos 1980 e 1990, foram dando lugar à necessidade de estar em uma agenda midiática e pública de forma mais profissional a partir das demandas dos anos 2000. O Supremo estava aprendendo a jogar. Quanto a isso, podemos falar de transparência e *accountability*, mas chamo atenção para o fato de que, no início daquela década, as emissoras de TVs comerciais começaram a cobrir o STF — antes mesmo da criação da TV Justiça. O rosto dos ministros, seus gestos e suas palavras passaram aos poucos a ocupar com destaque os meios audiovisuais. A explosão veio com a Ação Penal 470, o Mensalão. Logo após, a Lava Jato e tudo o mais que se seguiu. O início desse processo está aqui. Os elementos nascentes do que seria catarse depois.

Visto em panorama, o livro se conclui contando uma história, explicando as variáreis e indicando um conceito, mas, sobretudo, apontando uma continuidade para esse desejo que todos nós vimos tomar as ruas. A minha própria agenda de pesquisa volta-se a esse fazer em gerúndio. Com isso, foi imperativo assumir que o olhar para o *modus operandi* do Supremo se comunicar andava em paralelo a uma perspectiva histórica. O vento em questão soprava para os personagens, os heróis, os afetos e a rua. Era preciso assumir uma abordagem que também considerasse o que não era institucional e parasse de esconder o indesejado. O livro compõe o prelúdio de uma história que segue em pleno curso. É uma agenda de pesquisa que permanece agregando análises sobre o juiz-herói, o papel individual dos ministros na exposição do Tribunal etc. Um trabalho que continua e deve ganhar um volume próprio com os acontecimentos das décadas seguintes.

A pesquisa: o aprendizado da montagem

Por isso, as conclusões aqui expostas representam uma espécie de inventário, um mapa com marcadores do que foi possível achar no percurso da pesquisa. Nesse roteiro que nos indica uma trilha, abordamos os achados, desafios e resultados relativos ao desafio de explorar um objeto sobre o qual poucos se debruçaram: pensar o Supremo Tribunal Federal (STF) enquanto ator político não no plano decisório, mas no que concerne à comunicação.

Este objetivo trazia em si outro ponto a ser transposto: o mapeamento de um campo empírico estudado com escassez, sem uma trilha consolidada a servir de esteio à pesquisa. Em especial, ao se optar por estudar a relação entre a assessoria de imprensa/comunicação e os veículos com jornalistas setoristas atuantes na cobertura do Tribunal foi preciso garimpar informações não disponíveis em fontes secundárias.

Nesse sentido, uma primeira singularidade que se releva é a própria construção de dados através do cruzamento de informações obtidas em entrevistas e em fontes documentais primárias. Tais dados foram organizados e dispostos cronologicamente, nos permitindo compreender como foi montada a comunicação do STF.

O esforço de não ver a comunicação de forma estanque e sim dinâmica, em uma relação entre assessoria e cobertura, e mesmo o trabalho de "garimpo" de informações com 24 entrevistados, fontes documentais primárias obtidas junto ao arquivo do Supremo e o trabalho de campo realizado no acompanhamento da rotina do Comitê de Imprensa da instituição, trouxeram, além de uma profusão de dados, a noção de que havia um "ponto cego" a ser observado relativo ao Supremo Tribunal Federal. Olhar para as décadas de 1990 e 2000 de forma panorâmica nos ajuda a compreender a origem de debates atuais que envolvem o STF. Sem dúvida, a análise de conjuntura requer elementos próprios do momento contemporâneo. Elementos estes que tivemos em profusão.

Somando-se a isso, a proposta de sair de um estudo endógeno de Comunicação e pôr a Política em destaque nos trouxe desafios. O primeiro deles é que tal escolha nos colocou diante de uma lacuna teórica. Certamente, as dificuldades de tais escolhas causaram certo receio, por outro lado, prevaleceu a provocação, o que acabou trazendo de ganho à pesquisa o exercício de pensar a assessoria e a cobertura de forma dinâmica, dentro de uma perspectiva política.

A literatura tem poucas referências nesse sentido, então o trabalho abre espaço para colocar essa intersecção em debate. Dessa forma, as ausências foram convertidas em um diálogo teórico que sinaliza novas possibilidades de entendimento do problema, abrindo caminho também para novas investigações. Essa questão nos leva a um segundo desafio: sem dúvida, um caminho teórico plano nos conduziria a uma caminhada mais suave no sentido de ter como base um modelo a ser aplicado. Contudo, vale lembrar que em nossa pesquisa o caminho trilhado foi diverso: a empiria nos levou a um trabalho indutivo.

Na prática, o que se pode dizer é que está presente na conclusão não apenas um resultado, mas uma vertente exploratória da pesquisa que aparece na relevância da construção dos dados e, sobretudo, na valorização da experiência profissional como forma de traçar o panorama de um determinado momento histórico. Se a teoria nem sempre alcança a contundência das práticas sociais, a empiria nos ajuda na aproximação de tais fenômenos para, a partir deles, traçar conceitos e categorias possíveis de entendimento. Este é um ganho. Para além dos estudos voltados ao Supremo e ao Sistema de Justiça de forma ampla, volta-se à análise das práticas profissionais e do que deve ser destacado. Repito: um fazer ligado ao contexto político.

Os resultados: os gatilhos políticos

Como se pode ver, o esforço foi de reconstruir um cenário das décadas de 1990 e 2000, não apenas "contando a história" da comunicação do Supremo, mas analisando-a com base em parâmetros definidos tanto pela prática profissional quanto pela literatura da área, pensando a dinâmica comunicacional junto ao contexto político.

Com isso, os anos 1990 se reafirmam como um momento de abertura do Supremo à imprensa e os anos 2000 como um momento em que STF estava mais voltado à prestação de contas. Neste ponto, ao longo da análise, especialmente no quarto capítulo, vê-se a junção dos elementos de comunicação com a conjuntura.

Na década de 1990, o Supremo era um "ilustre desconhecido". Enquanto o Brasil caminhava na transição democrática, o Tribunal também necessitava afirmar-se em relação ao Executivo e ao Legislativo. Até mesmo pelas demandas impostas pelo contexto, com eventos políticos como o caso Collor — que levou a um pico de cobertura do Tribunal —, era preciso que a comunicação da instituição respondesse de forma adequada às novas demandas. Assim, há um "paralelo político", um gatilho dado pela política ao que ocorre com a comunicação.

Nos anos 2000, diante de eventos políticos como o escândalo do TRT de São Paulo e da CPI do Judiciário, mais uma vez os holofotes acabaram recaindo sobre o Supremo que, naquele momento, tinha que, literalmente, trabalhar na prestação de contas do Judiciário, responder a questões relativas à transparência e à *accountability*, que eram demandas que recaiam na Justiça a partir da virada dos anos 1990 para os anos 2000. Não à toa, a comunicação do STF passa a atuar para responder a essas demandas.

Ou seja, o Supremo passa a ser agendado (McCOMBS e SHAW, 1972), ocupando a agenda midiática e pública. Contudo, tal posição exigia que a instituição obtivesse uma *expertise* para lidar com essa atuação específica no campo da comunicação. Em síntese, conclui-se que o Supremo, enquanto instituição política, passou também a atuar politicamente na dimensão da comunicação. Trata-se de um processo histórico e com agentes aprendendo uma estratégia.

Amiúde, pode-se dizer que, nos anos 1990, o Supremo insula na sua comunicação a lógica das redações, em um movimento analisado por Chaparro (2011). O jornalismo é destaque na rotina da Assessoria de Imprensa do Tribunal, que remonta às práticas do mercado a partir de 1995, quando há uma profissionalização do setor com o ingresso de Irineu Tamanini no STF. Considerado um marco na comunicação da instituição, o período a partir de 1995 delimita a abertura do Supremo para a mídia. Rotinas e práticas como a cobertura das sessões, envio de *releases*, criação do sistema de som interno e, sobretudo, a criação do Comitê de Imprensa se destacam naquele período que é um ponto de inflexão no relacionamento com a mídia por parte do STF. Era o primeiro movimento diante da demanda advinda do caso Collor e do próprio *impeachment* do presidente que, em 1992, gerou um pico de cobertura no Tribunal.

Havia, então, um Supremo que precisava responder às demandas públicas e à visibilidade que aumentara em função da conjuntura política. Não à toa, ocorreu a escolha de Tamanini para a gestão da comunicação, dada a experiência dele no Tribunal Superior Eleitoral (TSE), em 1989, durante a primeira eleição do recente período democrático. A passagem de Tamanini pelo TSE, sua ajuda informal ao ministro Sidney Sanches durante o julgamento do *impeachment* de Collor e sua proximidade com muitos ministros do Tribunal o colocaram como um nome que refletia a necessidade de um tempo. O jornalismo e a ideia da informação jornalística a serviço da imprensa davam o tom não só da Assessoria de Imprensa do Supremo. À época também se iniciava a cobertura assídua do Tribunal, eram os primeiros setoristas a cobrir o Supremo como base da cobertura dos Tribunais superiores em Brasília. Nesse sentido, do ponto de vista político, com os ministros aprendendo a lidar com a imprensa de maneira mais direta, se desenhava o momento em que a instituição percebia que era preciso se abrir como forma de se colocar politicamente. Vale destacar que essa abertura é muito orientada à mídia. Nos anos 1990, a atuação da comunicação do Tribunal tinha como foco os veículos com jornalistas setoristas e outros órgãos da imprensa que procuravam o Supremo.

Já nos anos 2000, há uma noção ampla de comunicação. TV Justiça e Rádio Justiça são produtos de uma concepção de comunicação ligada a um contato mais direto com a população. As chamadas mídias das fontes (SANT'ANNA, 2005) promoviam, por meio da assessoria, essa aproximação. Questões como transparência e prestação de contas estavam presentes nessa ideia de comunicação. Ressalte-se: aqui a comunicação é colocada de maneira abrangente e não restrita ao jornalismo, mas ainda assim passa pelo filtro profissional da Assessoria.

Essas ideias que perpassavam a comunicação do Supremo também não estavam soltas. Vale lembrar que tais temáticas relativas à *accountability* eram justamente aquelas que pautavam a discussão da CPI do Judiciário, em 1999, e que depois ajudaram a agendar a discussão sobre a Reforma do Judiciário, em 2004. Nos anos 2000, o assessor à frente da comunicação do Supremo no outro período tido como marco de profissionalização foi o publicitário Renato Parente, que havia chefiado a comunicação do TRT de São Paulo durante o escândalo envolvendo o juiz Nicolau dos Santos Neto, o "Lalau". A eficiente gestão de crise feita por Parente no TRT o levou ao Supremo justamente para lidar com as demandas resultantes da CPI do Judiciário que, por sua vez, ocorreu tendo o TRT como estopim para a sua criação. Ou seja, mais uma vez temos na gestão da comunicação do Tribunal um nome que representa as demandas de um tempo, de um determinado contexto político. O jornalismo dava lugar a uma ideia mais ampla de comunicação, era preciso se comunicar com as pessoas, prestar contas.

Ao longo dos anos 2000 até o início da década de 2010, o Supremo não só passava a se comunicar de forma mais direta com a sociedade como também tinha sua imagem (e dos seus ministros) mais exposta em um movimento que primeiro foi para emissoras de TV e para as primeiras coberturas *online* (ConJur e Valor), seguindo depois para as redes sociais, *memes* e todas as plataformas e signos de uma nova Era. Por isso, o livro dá conta de um prelúdio, porque ele está inserido em uma transição difícil de se ver, ele se encerra no anúncio de uma mudança mais contundente.

Era, em suma, um Tribunal que aprendia que as demandas ocorriam na agenda midiática e pública. Politicamente, o Supremo aprendia a se comportar tendo como norte a comunicação. Se ao longo dos anos 1990 e 2000, o Tribunal ganhava mais poder com base em mudanças legislativas, diante de uma política que também acontecia de forma mediada, era preciso ter na comunicação um instrumento eficaz para se afirmar politicamente. Tão importante quanto ser, é parecer ser. Nesse sentido, tanto a comunicação do STF como sua cobertura movimentavam-se pelo papel político que o Tribunal ocupava. Prova disso é que esses anos de 1990 e 2000 são períodos importantes de aprendizado institucional para o cenário de explosão de visibilidade que ocorreu durante o julgamento da Ação Penal 470, o "Mensalão". As imagens geradas na transição contemplada pela pesquisa explodem aí.

Ao longo de todo esse processo, o que se pode dizer é que o Supremo olha para fora na hora de se comunicar, responde ao contexto. Assim, ao tentar se agendar, sua estratégia é também baseada na conjuntura. Esta não só é a conclusão de maior enlevo da pesquisa, como ela representa teórica e analiticamente a aproximação possível entre o agendamento e a abordagem estratégica.

Por isso, quando Helmke (2005) coloca que os ministros da Suprema Corte argentina mudam de entendimento de acordo com a conjuntura, há semelhanças em relação a forma como o STF se comunica. Um dos achados da pesquisa, demarcados na divisão temporal dos anos 1990 e 2000, é justamente que o Tribunal muda o sentido de suas práticas e rotinas de comunicação como forma de se posicionar frente às mudanças históricas, à nova conjuntura. E, vale destacar, esse achado não se encerra nesse período.

Por mais que a uma pesquisa seja essencial um recorte temporal, o conceito e o instrumental analítico do agendamento estratégico ilumina a maneira de como se pode pensar não apenas o Supremo brasileiro como também outros Tribunais, em especial na América Latina, onde os ventos estão sempre soprando de acordo com o contexto político. Os "gatilhos" são oportunidades e constrangimentos da conjuntura na qual a dinâmica comunicacional opera. É o contexto político que nos ajuda a investigar e entender os desejos, mesmo que eles pareçam recônditos demais. Algo do jornalismo que ensina sempre a desconfiar, a ter um olhar curioso. Quem tem muita certeza perde a chance de descobrir e criar.

Lista de entrevistados com depoimentos transcritos

Alberto Coura foi repórter profissional em Brasília, trabalhando especialmente como editor na antiga Radiobrás, hoje Empresa Brasileira de Comunicação (EBC). Foi secretário de imprensa do Supremo de 1997 a 1999.

Ana Paula Macêdo é editora de Mundo, Saúde, Ciência e Tecnologia do jornal Correio Brasiliense, mas cobriu o Supremo Tribunal Federal, de 1992 a 1999, pelo jornal O Globo.

André Ardens é servidor do Ministério Público do Trabalho (MPT), atuando como assessor jurídico desta instituição. Entre 1992 e 1995, foi setorista do Supremo Tribunal Federal pela rádio CBN.

Armando Cardoso é aposentado e atualmente escreve artigos diários sobre política para o site Notibras e semanais para o Jornal de Brasília. Até 2018 foi editor da EBC, tendo se desligado na empresa no início de 2019. Foi secretário de imprensa do Supremo de 1999 a 2001, atuando também na assessoria de outras instituições do Judiciário, como TSE e STJ.

Cláudia Lemos é jornalista na Câmara dos Deputados e atualmente é presidente da Associação Brasileira de Comunicação Pública (ABCPública). Tem vasta experiência na área da Justiça, tendo sido secretária de Comunicação da Procuradoria Geral da República (PGR) e do Conselho Nacional do Ministério Público (CNMP), dentre outras instituições. No Supremo, atuou como assessora na área de comunicação de 2001 a 2003.

Irineu Tamanini é hoje assessor de imprensa com base no Rio de Janeiro, tendo atuado como repórter do Correio Brasiliense, da Empresa Brasileira de Notícias e da Radiobrás. Foi assessor de imprensa do STF de 1995 a 1997. Antes disso, em 1989, foi assessor do TSE. Depois, atuou em diversas outras instituições jurídicas como STJ, TST e Conselho Federal da OAB. Ver mais em: https://direitoglobal.com.br/.

Layrce Lima é servidora do Ministério Público do Trabalho, atuando nessa instituição na área de comunicação. De 1990 a 1994, foi correspondente do jornal O Estado de Minas, trabalhando como setorista no Supremo. Em 2000, cobriu brevemente o Tribunal pelo site Panorama Brasil e, entre 2000 e 2003, cobriu esporadicamente o STF, fazendo a cobertura mais cotidiana de outros tribunais, como o STJ. Entre 2010 e 2014, foi coordenadora-adjunta de comunicação do Supremo, atuando também como coordenadora de comunicação e coordenadora da TV Justiça em espaços de tempo distintos nesse hiato de quatro anos.

Renato Parente é consultor em comunicação social e foi assessor do Tribunal Regional do Trabalho (TRT) da 2a Região de 1994 a 2001. Parente foi secretário de comunicação do Supremo de 2001 e 2004 e de 2008 a 2010. Também chefiou a comunicação do Tribunal Superior Eleitoral (TSE) de 2006 a 2008 e do Tribunal Superior do Trabalho (TST) em 2011 e 2012.

Rodrigo Haidar é editor da Amanuense Livros. Cobriu Judiciário por muitos anos, iniciando em 1997, no site Consultor Jurídico (Conjur), em São Paulo. Em 2008, Haidar se muda para Brasília acompanhando o Supremo como setorista do Comitê de Imprensa.

Referências

ALBUQUERQUE, G. Análise: quando a estratégia aparece. **O Povo**, Fortaleza, 7 fev. 2019.

ALBUQUERQUE, G. CNJ e a construção de uma nova relação entre mídia e o Sistema de Justiça. **Jota**, São Paulo, 17 out. 2015a.

ALBUQUERQUE, G. Imagens de um Judiciário dos desejos. Artigo online publicado em 07 out. 2020. Disponível em: https://suplementopernambuco.com.br/artigos/2561-imagens-de-um-judici%C3%A1rio-dos-desejos.html.

ALBUQUERQUE, G. Mídia e Justiça no Brasil: o mapeamento das pautas históricas de uma nova relação. **Mediapolis**: Revista de Comunicação, Jornalismo e Espaço Público, Coimbra, n. 5, p. 51-73, 2017.

ALBUQUERQUE, G. O papel da imprensa na Reforma do Judiciário Brasileiro. **Direito & Práxis**, Rio de Janeiro, v. 6, nº 12, p. 413-437, 2015b.

ALBUQUERQUE, G. O CNJ como pauta de uma nova relação entre mídia e Sistema de Justiça. In: ENCONTRO DA ASSOCIAÇÃO BRASILEIRA DE CIÊNCIA POLÍTICA, 10., 2016, Belo Horizonte. **Anais**... Belo Horizonte: ABCP, 2016.

ALBUQUERQUE, G. O Judiciário na crise política: os "recados" públicos do Supremo Tribunal Federal. **Revista Compolítica**, Rio de Janeiro, v. 8, nº 2, p. 207-232, 2018.

ALSINA, M. R. **A construção da notícia**. Petrópolis: Vozes, 2009.

ANDERSON, B. **Comunidades imaginadas**: reflexões sobre a origem e difusão do nacionalismo. São Paulo: Companhia das Letras, 2008.

ARANTES, R. B. **Judiciário e política no Brasil**. São Paulo: Sumaré: Fapesp, 1997.

ARANTES, R. B.; COUTO. **A Constituição de 1988**: passado e futuro. São Paulo: Hucitec, 2009.

ARAÚJO, B. B. **Justiça, media e espaço público**: a cobertura jornalística do julgamento do mensalão em **Veja** e **Época**. 2013. Dissertação (Mestrado em Comunicação e Jornalismo) — Programa de Pós-Graduação em Comunicação e Jornalismo, Universidade de Coimbra, Coimbra, 2013.

ARGUELHES, D. W.; RIBEIRO, L. M. Criatura e/ou criador: transformações do Supremo Tribunal Federal sob a Constituição de 1988. **Revista Direito GV**, São Paulo, v. 12, nº 2, p. 405-440, 2016.

ARGUELHES, Diego Werneck; RIBEIRO, Leandro Molhano. Ministocracia. O Supremo Tribunal Individual e o processo democrático brasileiro. Novos Estudos CEBRAP [online]. vol.37, n.1, p. 13-32, 2018. Disponível em: <http://www.scielo.br/scielo.php?script=sci_arttext&pid=S0101-33002018000100013>. Acesso em: 26 maio 2018.

AXFORD, B. The transformation of politics or anti-politics. In: AXFORD, B.; HUGGINS, R. (Ed.). **New Media and Politics**. London: Sage, 2001. p. 1-30.

BAKHTIN, M. **Estética da criação verbal**. São Paulo: Martins Fontes, 2003.

BARDIN, L. **Análise de conteúdo**. São Paulo: 70, 2011.

BARREIRA, K. E. S. **O Supremo Tribunal Federal e os tratados internacionais de Direitos Humanos**: uma análise política das decisões judiciais. 2013. 188 f. Dissertação (Mestrado em Ciência Política) — Programa de Pós-Graduação em Ciência Política, Universidade Estadual de Campinas, Campinas, 2013.

BARRON, J. A. Access to the Press. A New First Amendment Right. **Harvard Law Review**, Cambridge, v. 80, nº 8, p. 1641-1678, 1967.

BARROS, A. T.; LEMOS, C. R. F. Política, pânico moral e mídia: controvérsias sobre os embargos infringentes do escândalo do Mensalão. **Opinião Pública**, Campinas, v. 24, nº 2, p. 291-327, 2018.

BAUDRILLARD, J. **Simulacres et simulation**. Paris: Galilée, 1981.

BECKER, H. S. A epistemologia da pesquisa qualitativa. **Revista de Estudos Empíricos em Direito**, São Paulo, v. 1, nº 2, p. 184-198, 2014.

BESSIÈRES, D. La définition de la communication publique: des enjeux disciplinaires aux changements de paradigmes organisationnels. **Communication & Organisation**, nº 35, p. 15-28, 2009.

BIROLI, F.; MANTOVANI, D. A parte que me cabe nesse julgamento: a **Folha de S. Paulo** na cobertura ao processo do 'mensalão'. **Opinião Pública**, Campinas, v. 20, nº 2, p. 204-218, 2014.

BOWLES, D. A.; BROMLEY, R. V. Newsmagazine Coverage of the Supreme Court during the Reagan Administration. **Journalism Quarterly**, v. 69, nº 4, p. 948-959, 1992.

BRAGATTO, R. C.; NICOLÁS, A. M.; SAMPAIO, R. C. Internet e política em análise: levantamento sobre o perfil dos estudos brasileiros apresentados entre 2000 e 2011. In: ENCONTRO ANUAL DA COMPÓS, 21., 2012, Juiz de Fora. **Anais**... Juiz de Fora: UFJF, 2012.

BRASIL. Constituição de 1988. Constituição da República Federativa do Brasil. **Diário Oficial [da] República Federativa do Brasil**, Poder Executivo, Brasília, DF, 5 out. 1988.

BRASIL. Emenda Constitucional nº 3, de 17 de março de 1993. Altera os arts. 40, 42, 102, 103, 155, 156, 160, 167 da Constituição Federal. **Diário Oficial [da] República Federativa do Brasil**, Poder Executivo, Brasília, DF, 18 mar. 1993.

BRASIL. Emenda Constitucional nº 35, de 20 de dezembro de 2001. Dá nova redação ao art. 53 de Constituição Federal. **Diário Oficial [da] República Federativa do Brasil**, Poder Executivo, Brasília, DF, 21 dez. 2001a.

BRASIL. Emenda Constitucional nº 45, de 30 de dezembro de 2004. Altera dispositivos dos arts. 5º, 36, 52, 92, 93, 95, 98, 99, 102, 103, 104, 105, 107, 109, 111, 112, 114, 115, 125, 126, 127, 128, 129, 134 e 168 da Constituição Federal, e acrescenta os arts. 103-A, 103B, 111-A e 130-A, e dá outras providências. **Diário Oficial [da] República Federativa do Brasil**, Poder Executivo, Brasília, DF, 31 dez. 2004a.

BRASIL. **Histórico da Comunicação Social na Presidência da República.** Brasília, DF: Secom, 2019.

BRASIL. Lei nº 9.868, de 10 de novembro de 1999; dispõe sobre o processo e julgamento da ação direta de inconstitucionalidade e da ação declaratória de constitucionalidade perante o Supremo Tribunal Federal. **Diário Oficial [da] República Federativa do Brasil**, Poder Executivo, Brasília, DF, 11 nov. 1999a.

BRASIL. Leis nº 9.882, de 3 de dezembro de 1999. Dispõe sobre o processo e julgamento da arguição de descumprimento de preceito fundamental, nos termos do § 10 do art. 102 da Constituição Federal. **Diário Oficial [da] República Federativa do Brasil**, Poder Executivo, Brasília, DF, 4 dez. 1999b.

BRASIL. Lei nº 10.461, de 17 de maio de 2002. Acrescenta alínea ao inciso I do art. 23 da Lei nº 8.977, de 6 de janeiro de 1995, que dispõe sobre o Serviço de TV a Cabo, para incluir canal reservado ao Supremo Tribunal Federal. **Diário Oficial [da] República Federativa do Brasil**, Poder Executivo, Brasília, DF, 20 maio 2002.

BRASIL. Lei nº 96.959, de 25 de novembro de 1981. **Diário Oficial [da] República Federativa do Brasil**, Poder Executivo, Brasília, DF, 26 nov. 1981.

BRASIL. Resolução nº 427, de 20 de abril de 2010. Regulamenta o processo eletrônico no âmbito do Supremo Tribunal Federal. **Diário Oficial [da] República Federativa do Brasil,** Poder Executivo, Brasília, DF, 21 abr. 2010.

BRASIL. Supremo Tribunal Federal. **Ato Regimental nº 2, de 16 de agosto de 1974**. Brasília, DF: STF, 1974.

BRASIL. Supremo Tribunal Federal. **Ato Regimental nº 6, de 14 de outubro de 1977**. Brasília, DF: STF, 1977.

BRASIL. Supremo Tribunal Federal. **Ato Regulamentar nº 1, de 25 de julho de 2004**. Brasília, DF: STF, 2004b.

BRASIL. Supremo Tribunal Federal. **Ato Regulamentar nº 30, de 15 de abril de 1998**. Brasília, DF: STF, 1998.

BRASIL. Supremo Tribunal Federal. **Ato Regulamentar nº 32, de 7 de março de 2001**. Brasília, DF: STF, 2001b.

BRASIL. Supremo Tribunal Federal. **Ato Regulamentar nº 33, de 18 de dezembro de 2002**. Brasília, DF: STF, 2002.

BRETON, P.; PROULX, S. **A explosão da comunicação.** Lisboa: Bizâncio, 1997.

BRIGGS, A.; BURKE, P. **Uma história social da mídia**: de Gutenberg à internet. Rio de Janeiro: Jorge Zahar, 2006.

BUENO, W. **Política de Comunicação do IFSC**. Florianópolis: IFSC, 2013.

CALDEIRA, G. A.; GIBSON, J. L. The Etiology of Public Support for the Supreme Court. **American Journal of Political Science**, v. 36, nº 3, p. 635-664, 1992.

CAMURÇA, E. E. P. **Ecos da liberdade de expressão na Corte Interamericana de Direitos Humanos e no Supremo Tribunal Federal.** 2012. 208 f. Dissertação (Mestrado em Comunicação) — Programa de Pós-Graduação em Comunicação, Universidade de São Paulo, São Paulo, 2012.

CARVALHO NETO, E. R. A ampliação dos legitimados ativos na constituinte de 1988: revisão judicial e judicialização da política. **Revista Brasileira Estudos Políticos**, Belo Horizonte, v. 96, p. 293-326, 2007.

CARVALHO, L. M. **1988**: segredos da constituinte. Rio de Janeiro: Record, 2017.

CHAFFEE, S.; HOCHHEIMER, J. L. The beginning of political communication research in the United States: origins of the Limited Effects model. In: ROGERS, E.; BALLE, F. (Org.). **The media revolution in America and Western Europe**. Norwood: Ablex, 1982. p. 263-283.

CHAPARRO, M. C. Cem anos de assessoria de imprensa. In: DUARTE, J. (Org.). **Assessoria de imprensa e relacionamento com a mídia**: teoria e técnica. São Paulo: Atlas, 2011. p. 33-51.

COLEMAN, S. (Org.). **Televised election debates**: international perspectives. New York: St. Martin´s, 2000.

COLLINS, T. A.; COOPER, C. A. Making the Cases "Real": Newspaper Coverage of U.S. Supreme Court Cases 1953-2004. **Political Communication**, v. 32, nº 1, p. 23-42, 2015.

CONSTANT, B. Da liberdade dos antigos comparada a dos modernos. In: CONSTANT, B. (Org.). **Filosofia política**. Porto Alegre: L&PM, 1985. p. 9-25.

CONTINENTINO, M. C. **Revisitando os fundamentos do controle de constitucionalidade**: uma crítica democratizante à prática judicial brasileira. 2006. Dissertação (Mestrado em Direito, Estado e Constituição) — Programa de Pós-Graduação em Direito, Estado e Constituição, Universidade de Brasília, Brasília, DF, 2006.

COOK, B. B. Judicial policy: **Change over time**. American Journal of Political Science, nº 23, 208-214, 1979.

COOK, B. B. Public opinion and federal judicial policy. **American Journal of Political Science**, nº 21, p. 567-600, 1977.

COSTA, T. M. C. Conteúdo e alcance da decisão do STF sobre a Lei de Imprensa na ADPF 130. **Revista Direito GV**, São Paulo, v. 10, nº 1, p. 119-154, 2014.

DAVIS, R. **Decisions and images:** The Supreme Court and the press. Englewood Cliffs: Prentice Hall, 1994.

DAMIANI, F.; KÁTIA, E. **A comunicação na Justiça Brasileira.** Florianópolis: Padion, 2009.

DEBORD, G. **A sociedade do espetáculo.** Rio de Janeiro: Contraponto, 1997.

DEFLEUR, M. L.; BALL-ROKEACH, S. **Teorias da comunicação de massa.** Rio de Janeiro: Jorge Zahar, 1993.

EASTON, D. A Re-Assessment of the concept of political support. **British Journal of Political Science**, v. 5, nº 4, p. 435-457, 1975.

ECO, U. **Apocalípticos e integrados.** São Paulo: Perspectiva, 2015.

ENTMAN, R. M. **Democracy without citizens:** media and the decay of American politics. New York: Oxford University, 1989.

EPSTEIN, L.; JACOBI, T. The Strategic Analysis of Judicial Decisions. **Annual Review of Law and Social Science**. p. 341-358, 2010.

EPSTEIN, L.; KNIGHT, J. Toward a strategic revolution in judicial politics: A look back. **Political Research Quarterly**, v. 53, nº 3, p. 625-661, 2000.

ERICSON, D. Newspaper coverage of the Supreme Court: A case study. **Journalism Quarterly**, v. 54, p. 605-607, 1977.

FALCÃO, J.; OLIVEIRA, F. L. O STF e a agenda pública nacional: de outro desconhecido a supremo protagonista? **Lua Nova**, São Paulo, nº 88, p. 429-469, 2013.

FERRARI, P. **Jornalismo digital**. 3. ed. São Paulo: Contexto, 2006.

FERREIRA FILHO, M. G. Poder Judiciário na Constituição de 1988: judicialização da política e politização da justiça. **Revista de Direito Administrativo**, São Paulo, v. 198, p. 1-17, 1994.

FIGUEIRA, A. D. Governo e comunicação. **Revista do Serviço Público**, Brasília, DF, v. 109, nº 2, p. 117-129, 1974.

GERRING, J. Mere description. **British Journal of Political Science**, v. 42, nº 4, p. 721-746, 2012.

GILMOR, D. M.; BARRON, J. A. **Mass communication law:** Cases and comment. St. Paul: West Pub., 1969.

GOFFMAN, E. **Os quadros da experiência social**: uma perspectiva de análise. Petrópolis: Vozes, 2012.

GOMES, S. Crime na imprensa representações sobre imigrantes e ciganos em Portugal. **Centro de Investigação em Ciências Sociais**, Minho, p. 1-28, 2011.

GOMES, W. **Transformações da política na era da comunicação de massa**. São Paulo: Paulus, 2004.

GREENHOUSE, L. Public opinion & the Supreme Court: The puzzling case of abortion. **Daedalus**, v. 141, nº 4, p. 69-82, 2012.

GUAZINA, L. S. **Jornalismo em busca da credibilidade**: a cobertura adversária do Jornal Nacional no escândalo do Mensalão. 2011. Tese (Doutorado em Comunicação) — Programa de Pós-Graduação em Comunicação, Universidade de Brasília, Brasília, DF, 2011.

GUTMANN, J. F. Quadros narrativos pautados pela mídia: *framing* como segundo nível do *agenda-setting*? **Contemporânea**, Salvador, v. 4, nº 1, p. 25-50, jun. 2006.

HABERMAS, J. **Direito e democracia**: entre a facticidade e validade. Rio de Janeiro: Tempo Brasileiro, 1997.

HABERMAS, J. **Mudança estrutural da esfera pública**: investigações quanto a uma categoria da sociedade burguesa. Rio de Janeiro: Tempo Brasileiro, 2003.

HAMILTON, A. Da inamovibilidade do Poder Judiciário. In: JEFFERSON, T. et al. (Org.). **Jefferson, Federalistas, Paine, Tocqueville**. 2. ed. São Paulo: Abril Cultural, 1979. p. 161-166.

HANGAI, L. A. A *framing analysis* de Goffman e sua aplicação nos estudos em Comunicação. **Revista Ação Midiática**, Curitiba, v. 2, nº 1, p. 1-6, 2012.

HELMKE, G. **Courts under constraints:** Judges, generals, and presidents in Argentina. New York: Cambridge University, 2005.

HOEKSTRA, V. J. The Supreme Court and local public opinion. **The American Political Science Review**, v. 94, nº 1, p. 89-100, 2000.

INATOMI, C. C. **A atuação do Poder Judiciário nas políticas de erradicação do trabalho escravo rural no Brasil contemporâneo.** 2016. Tese (Doutorado em Ciência Política) — Programa de Pós-Graduação em Ciência Política, Universidade Estadual de Campinas, Campinas, 2016.

INATOMI, C. C. Abordagens teóricas na pesquisa empírica sobre o Poder Judiciário: diálogos, pontes, híbridos. In: KOERNER, A. (Org.). **Política e direito na suprema corte norte-americana**: debates teóricos e estudos de caso. Ponta Grossa: UEPG, 2017. p. 99-140.

JEULAND, E.; SOTIROPOULOU, A. The role of communication in the French Judicial System. **International Journal for Court Administration,** special issue, p. 132-137, 2012.

LASTA, E. (Re)discutindo a assessoria de comunicação no contexto da sociedade midiatizada. In: CONGRESSO BRASILEIRO CIENTÍFICO DE COMUNICAÇÃO ORGANIZACIONAL E RELAÇÕES PÚBLICAS, 11., 2017, Belo Horizonte, **Anais**... Belo Horizonte: UFMG, 2017.

LAZARSFELD, P. The election is over. **Public Opinion Quarterly**, v. 8, p. 317-339. 1944.

LAZARSFELD, P.; BERELSON, B.; GAUDET, H. **The people's choice:** How the voter makes up his mind in a presidential campaign. New York: Columbia University, 1948.

LEIGH, M. **Mobilizing consent:** Public opinion and American foreign policy, 1937-1947. Westport: Greenwood, 1976.

LILLEKER, D. G. **Key concepts in political communication.** London: Sage, 2006.

LIMA, F. D. S. Revisitando os pressupostos da juristocracia à brasileira: mobilização judicial na Assembleia Constituinte e o fortalecimento do Supremo Tribunal Federal. **Revista da Faculdade de Direito UFPR**, Curitiba, v. 63, nº 2, p. 145-167, 2018.

LIPPMANN, W. **Opinião pública**. Petrópolis: Vozes, 2010.

MACHADO, C.; LOCATELLI, C. Jornalistas brasileiros no banco dos réus: enquadramento de sentenças judiciais em ações de dano moral. **Mídia & Jornalismo**, Coimbra, v. 18, nº 32, p. 119-137, 2018.

MACHADO, N. P. L. A "plena" liberdade de expressão e os direitos humanos: análise da jurisprudência da Corte Interamericana de Direitos Humanos e o julgamento da ADPF 130. **Revista de Direito Internacional**, Brasília, DF, v. 10, nº 2, p. 281-297, 2013.

MACIEL, D. A.; KOERNER, A. O processo de reconstrução do Ministério Público na transição política (1974-1985). **Revista Debates**, Porto Alegre, v. 8, nº 3, p. 97-117, 2014.

MACNAMARA, J. **Journalism & PR**: unpacking spin, stereotypes and media myths. New York: Peter Lang, 2014.

MAIERON, Alexandra Johann. O Supremo Tribunal Federal durante a Assembleia Nacional Constituinte de 1987/88: o processo de delimitação de suas competências. 2020. Dissertação (Mestrado em Ciências Sociais) — Programa de Pós-Graduação em Ciências Sociais, Universidade Federal de Santa Maria, Rio Grande do Sul, 2020. referência nova, adequar à formatação já usada)

MARTINO, L. M. S. **Teoria da comunicação**: ideias, conceitos e métodos. Petrópolis: Vozes, 2014.

MARTINS, H. H. T. S. Metodologia qualitativa de pesquisa. **Revista Educação e Pesquisa**, São Paulo, v. 30, nº 2, p. 289-300, 2004.

MATTELART, A.; MATTELART, M. **História das teorias da comunicação.** São Paulo: Loyola, 1999.

MAVEETY, N. (Ed.). **The pioneers of judicial behavior.** Michigan: The University of Michigan, 2003.

MCCOMBS, M. E.; SHAW, D. L.; WEAVER, D. H. New directions in *agenda-setting* theory and research. **Mass Communication and Society**, v. 17, nº 6, p. 781-802, 2014.

MCCOMBS, M. E.; SHAW, D. L. The *agenda-setting* function of mass media. **Public Opinion Quarterly**, v. 36, nº 2, p. 176-187, 1972.

MONTEIRO, G. F. A notícia institucional. In: DUARTE, J. (Org.). **Assessoria de imprensa e relacionamento com a mídia**: teoria e técnica. São Paulo: Atlas, 2011. p. 140-160.

MURPHY, W. **Congress and the Supreme Court.** Chicago: University of Chicago, 1962.

MURPHY, W. **Elements of judicial strategy.** Chicago: University of Chicago, 1964.

MURPHY, W.; TANENHAUS, J. Public opinion and the United States Supreme Court: Mapping of some prerequisites for Court Legitimation of Regime Changes. **Law & Society Review**, v. 2, nº 3, p. 357-384, 1968.

NEUMAN, W. et al. The dynamics of public attention: *agenda-setting* theory meets big data. **Journal of Communication**, v. 64, nº 2, p. 193-214, 2014.

NEWLAND, C. A. Press Coverage of the U.S. Supreme Court. Western Political Quarterly, v. 17, p. 15-36, 1964.

NUNOMURA, E. Y. **O mensalão impresso**: o escândalo político-midiático do governo Lula nas páginas de **Folha** e **Veja**. 2012. Dissertação (Mestrado em Comunicação) — Programa de Pós-Graduação em Comunicação, Universidade de São Paulo, São Paulo, 2012.

OLIVEIRA, F. L. Judiciário e política no Brasil contemporâneo: um retrato do Supremo Tribunal Federal a partir da cobertura do jornal **Folha de S. Paulo**. **Dados**, Rio de Janeiro, v. 60, nº 4, p. 937-975, 2017.

OLIVEIRA, F. L. O Supremo Tribunal Federal no processo de transição democrática: uma análise de conteúdo dos jornais **Folha de S. Paulo** e **O Estado de S. Paulo**. **Revista de Sociologia e Política**, Curitiba, v. 22, p. 101-118, 2004.

PAIVA, G. A. M. **A reforma do Judiciário no Brasil**: o processo político de tramitação da emenda 45. 2012. Dissertação (Mestrado em Políticas Públicas e Sociedade) — Programa de Pós-Graduação em Políticas Públicas e Sociedade, Universidade Estadual do Ceará, Fortaleza, 2012.

PELEG, A.; BOGOCH, B. Silence is no longer golden: Media, public relations and the Judiciary in Israel. Oñati **Socio-Legal Series**, v. 4, nº 4, p. 809-825, 2014.

PETERS, J. Institutionalizing press relations at the Supreme Court: the origins of the public information office. **Missouri Law Review**, v. 79, nº 4, p. 985-988, 2014.

PRITCHETT, C. H. **The Roosevelt Court: A study in judicial politics and values, 1937-1947.** New York: Octagon, 1963.

RODRIGUES, Paulo Joaquim da Silva. A judicialização da política no Brasil: a história, as definições e os usos do conceito. 2022. 193 f. Tese (Doutorado em Ciência Política) — Instituto de Estudos Sociais e Políticos, Universidade do Estado do Rio de Janeiro, Rio de Janeiro, 2022. (referência nova, adequar à formatação já usada)

RODRIGUES, N. T. D. O controle de constitucionalidade no direito brasileiro e as Leis 9.868/99 e 9.882/99. **Revista de Informação Legislativa**, Brasília, DF, v. 38, n. 149, p. 111-124, 2001.

ROHDE, D. W.; SPAETH, H. J. **Supreme Court Decision Making.** San Francisco: W. H. Freeman. 1976.

RUBIM, A. A. C. **Comunicação e política**: conceitos e abordagens. Salvador: UFBA; São Paulo: Unesp, 2004.

RUBIM, A.; AZEVEDO, F. A. Mídia e política no Brasil: textos e agenda de pesquisa. **Lua Nova**, São Paulo, v. 43, nº 1, p. 189-216, 1998.

RUSSI, J. M. M. **Assessoria de comunicação, agendamento e newsmaking**: um estudo sobre a evolução da comunicação do Supremo Tribunal Federal. 2010. 108 f. Dissertação (Mestrado em Comunicação) — Programa de Pós-Graduação em Comunicação, Universidade de Brasília, Brasília, DF 2010.

SADEK, M. T. A. (Ed.). **O Sistema de Justiça.** São Paulo: Idesp/Sumaré, 1999.

SADEK, M. T. A. Estudos sobre o Sistema de Justiça. In: MICELI, S. (Ed.). **O que ler na ciência social brasileira.** São Paulo: Sumaré, 2002. p. 233-265. v. 4.

SADEK, M. T. Judiciário: mudanças e reformas. **Estudos Avançados,** São Paulo, v. 18, nº 51, p. 85-86, 2004.

SADEK, M. T.; ARANTES, R. B. A crise do Judiciário e a visão dos juízes. **Revista USP**, São Paulo, nº 21, p. 34-45, 1994.

SALLUM JÚNIOR, B. **O impeachment de Fernando Collor**: Sociologia de uma crise. Rio de Janeiro: 34, 2015.

SALZMAN, R.; RAMSEY, A. Judging the Judiciary: Understanding public confidence in Latin American courts. **Latin American Politics and Society**, v. 55, nº 1, p. 73-95, 2013.

SANT'ANNA, F. **Mídia das fontes**: o difusor do jornalismo corporativo. [**S.l.**]: Biblioteca On-line de Ciências da Comunicação, 2005.

SANTOS, B. S. Os tribunais e as novas tecnologias de comunicação e de informação. **Sociologias**, Porto Alegre, v. 7, nº 13, p. 82-109, 2005.

SANTOS, J. G. B.; ALDÉ, A.; SCHWAMBACH, A. C. F. Panorama das teses e dissertações brasileiras envolvendo internet e política de 1995 a 2014. In: ENCONTRO ANUAL DA ANPOCS, 40., 2016, Caxambu. **Anais**... Caxambu: Anpocs, 2016. p. 1-22.

SANTOS, J. R. **Comunicação**. Lisboa: Gradiva, 2015.

SAUERBRONN, J. F. R.; LODI, M. D. F. Construção da imagem institucional do Poder Judiciário: uma análise baseada nas campanhas publicitárias do Conselho Nacional de Justiça. **Cadernos Ebape.BR**, Rio de Janeiro, v. 10, nº 4, p. 925-945, 2012.

SCHUBERT, G. A. The study of judicial decision-making as an aspect of political behavior. **The American Political Science Review**, v. 52, nº 4, p. 1007-1025, 1958.

SEGAL, J. A. Glendon Schubert: The judicial mind. In: MAVEETY, N. (Ed.). **The Pioneers of Judicial Behavior.** Michigan: The University of Michigan, 2003. p. 78-100.

SEGAL, J. A.; A. D. COVER. Ideological Values and the Votes of U.S. Supreme Court Justices. **American Political Science Review** 83: 557-65. 1989.

SERRANO, P. E. A. P. A justiça na sociedade do espetáculo: reflexões públicas sobre direito, política e cidadania. São Paulo: Alameda, 2015.

SEVENANS, J.; WALGRAVE, S.; EPPING, G. J. How political elites process information from the news: The cognitive mechanisms behind behavioral political *agenda-setting* effects, Political Communication, v. 33, nº 4, p. 605-627, 2016.

SILVA, C. E. L. Teoria da opinião pública. In: CITELLI, A. et al. (Org.). **Dicionário de comunicação**: escolas, teorias e autores. São Paulo: Contexto, 2014. p. 439-448.

SILVA, Jeferson Mariano. Crítica da judicialização da política. 2011. 97 f. Dissertação (Mestrado em Ciência Política) — Instituto de Estudos Sociais e Políticos, Universidade do Estado do Rio de Janeiro, Rio de Janeiro, 2011.

SILVA, S. P.; BRAGATTO, R. C.; SAMPAIO, R. C. (Org.). **Democracia digital, comunicação política e redes**: teoria e prática. Rio de Janeiro: Folio Digital, Letra e Imagem, 2016.

SOUSA, J. P.; LIMA, H. A teoria da noticiabilidade de Nelson Traquina aplicada a periódicos portugueses do século XVII: os casos da **Gazeta** e do **Mercúrio Português.** In: CUNHA, I. F.; CABRERA, A.; SOUSA, J. P. (Org.). **Pesquisa em media e jornalismo**: homenagem a Nelson Traquina. [**S.l.**]: LabCom, 2012. p. 28-45.

STATON, K. J. **Judicial power and strategic communication in Mexico.** Cambridge: Cambridge University, 2010.

SWANSON, D.; NIMMO, D. (Org.). **New directions in political communication.** Newbury Park: Sage, 1990.

THOMPSON, J. B. **A mídia e a modernidade**: uma teoria social da mídia. Petrópolis: Vozes, 1998.

THOMPSON, J. B. **Ideologia e cultura moderna**: teoria social crítica na era dos meios de comunicação de massa. Petrópolis: Vozes, 1995.

TRAQUINA, N. **Jornalismo.** Lisboa: Quimera, 2002.

TUCHMAN, G. **Making news:** A study in the construction of reality. New York: The Free, 1978.

TUCHMAN, G. Objectivity as strategic ritual: An examination of newsmen's notions of objectivity. **American Journal of Sociology**, v. 77, nº 4, p. 660-679, 1972.

VAN LEEUWEN, T. A representação dos atores sociais. In: PEDRO, E. R. (Org.). **Análise crítica do discurso**: uma perspectiva sociopolítica e funcional Lisboa: Caminho, 1997. p. 169-222.

VASCONCELOS, F. **Juízes no banco dos réus**. São Paulo: Publifolha, 2005.

VERISSIMO, M. P. A Constituição de 1988, vinte anos depois: Suprema Corte e ativismo judicial "à brasileira". **Revista Direito GV**, São Paulo, v. 4, nº 2, p. 407-440, 2008.

VIEIRA, A. L. M. **O sigilo da fonte de informação jornalística como limite e prova no processo penal**. 2012. Tese (Doutorado em Direito) — Programa de Pós-Graduação em Direito, Universidade de São Paulo, São Paulo, 2012.

VIEIRA; B. F. Os Limites do Diálogo. Direito, Política e Linguagem no Mandado de Segurança 25.647/STF. IN **Os bastidores do Supremo e outras histórias curiosas: estudos de etnografia constitucional.** Organização de Luiz Eduardo Abreu — Brasília: UniCEUB, 2013.

VIEIRA, O. V. Supremocracia. **Revista Direito GV**, São Paulo, v. 4, nº 2, p. 441-463, 2008.

VIVES-CASES, C. et al. Historia reciente de la cobertura periodística de la violencia contra las mujeres en el contexto español (1997-2011), **Gaceta Sanitaria**, v. 19, nº 1, p. 22-28, 2005.

WALGRAVE, S.; VAN AELST, P. The contingency of the mass media's political agenda setting power: Toward a preliminary theory. **Journal of Communication**, v. 56, nº 1, p. 88-109, 2006.

WEBER, M. **Economia e sociedade**. Brasília, DF: UnB, 2012.

WEBER, M. Sociologia da imprensa: um programa de pesquisa. **Lua Nova**, São Paulo, nº 55-56, p. 185-194, 2002.

WOLF, M. **Teorias da comunicação**. Lisboa: Presença, 2003.

WOLTON, D. **Informar não é comunicar**. Porto Alegre: Sulina, 2010.

YANUS, A. B. Full-Court press: An examination of media coverage of State Supreme Courts. **Justice System Journal**, v. 30, nº 2, p. 180-195, 2009.

ZULUAGA, M. L. A. El discurso hegemónico sobre las acciones colectivas de resistencia civil. Casos comunas 8, 9 y 13 de Medellín. **Estudios Políticos**, nº 36, Medellín, p. 67-93, 2010.

Este livro foi produzido pela Amanuense Livros
R. Nilo, 241 - Aclimação, São Paulo - SP, 01533-010

Impresso em outubro de 2023

Infografias: Marcos Paulo Drumond e Érica Zoe
Capa e projeto grafico: Marina Mota
Diagramação: Docware Assessoria Editorial
Gráfica: Meta Brasil
Papel: Pólen natural 80 g/m^2
Tipografia: Vinila e Freight Text Pro

ISBN: 978-65-80788-20-0

Para informações adicionais sobre nossos livros e publicações, visite nosso site em https://www.amanuense.com.br.